Fred Deion

Ruptures millénaires

Edition : BoD - Books on Demand
12/14 rond-point des Champs Elysées, 75008 Paris
Imprimé par Books on Demand GmbH, Norderstedt, Allemagne
ISBN : 9782322012343
Dépôt légal : janvier 2015

A Cerise

Muse-guerrière rebelle et imperturbable

*Elle choisit d'avancer sur les chemins les moins
fréquentés,*

*En l'y accompagnant, gare aux remous tumultueux
de son sillage*

Prologue

Temps historiques et cycles hégémoniques

Si l'histoire se répète, le passé indique le futur. Que peut nous dire le passé sur notre XXIème siècle ? Loin du sensationnalisme et de la nouvelle immédiate qui passe du scoop à l'oubli du jour au lendemain, le temps historique informe plus sûrement sur les cycles séculaires et les tendances lourdes qui marquent la vie des hommes.

Ces quelques pages vont donc jeter un bref coup de projecteur pour mettre en lumière quelques événements sélectionnés qui ont eu un impact souvent considérable, voire dramatique, pour ceux qui en ont été les contemporains, et parfois les innocentes victimes.

Des traits d'union peuvent relier ces événements éloignés dans le temps. Un de ces fils rouges est appelé cycle hégémonique. Ainsi, une organisation politique (Empire, Etat) devient une puissance hégémonique lorsqu'elle parvient à établir puis à dicter aux autres ses propres règles, à faire prospérer l'économie et à imposer à tous sa paix (la Pax Romana de l'Empire romain, la Pax Britannica de l'Empire britannique du XIXème siècle, la Pax Americana de la seconde moitié du

XXème siècle)[1]. Ce rôle est toutefois coûteux car il faut financer et entretenir un appareil militaire important, pour pouvoir maintenir sa domination.

Lorsque la puissance hégémonique n'y parvient plus et s'affaiblit, l'ordre est remplacé par l'incertitude et l'instabilité, voire le chaos et l'anarchie. Ainsi, à la chute de l'Empire romain d'Occident suivent les "Dark Ages", âge sombre du début du Moyen Age. Au déclin britannique de la fin du XIXème siècle succède une première moitié du XXème siècle cataclysmique avec deux guerres mondiales, une crise financière et économique planétaire.

Le déclin hégémonique occidental d'aujourd'hui est révélateur de l'incapacité actuelle à réformer l'Etat-providence exsangue, après qu'il ait distribué avec trop de prodigalité le contenu de sa corne d'abondance désormais vide. Il en découle une situation de crise hégémonique (caractérisée par des conflits sociaux), puis un effondrement de l'ancienne puissance hégémonique (caractérisée par une situation chaotique et des violences anarchiques qui peuvent dégénérer jusqu'au conflit).

Il va sans dire que les populations qui traversent ces périodes de transition sont malmenées par les événements qu'elles subissent, sans n'être plus maîtres de leur avenir, jusqu'à y perdre parfois la vie. Pions anonymes sacrifiés par

---

[1] Paul Kennedy, The Rise and Fall of the Great Powers
Jacques Attali, Demain, qui gouvernera le Monde ?

les convulsions du passé qui les balaient comme des fétus de paille, ils sont emportés injustement et dans l'indifférence dans les oubliettes de l'histoire.

Il est donc maintenant temps de retourner à quelques unes de ces périodes mouvementées dont les tragédies ont fait basculer les destins du plus grand nombre, en gardant à l'esprit les épreuves qu'il leur a bien fallu affronter. Retour en arrière pour notre première étape, il y a près de 2000 ans.

Chapitre 1

La chute de l'Empire romain d'Occident

En septembre 394 après Jésus-Christ, Théodose 1er, âgé alors de 47 ans, remporte à Aquileia le succès le plus éclatant de sa carrière militaire. Cette victoire, c'est la sienne, celle qui place l'ensemble des territoires de l'Empire romain sous le pouvoir d'un seul homme, le sien. Son rival, l'usurpateur Eugenius, est fait prisonnier et implore sa clémence. Théodose 1er, désormais seul empereur légitime, le fait décapiter.

Au faîte de sa puissance, Théodose 1er peut savourer son triomphe. Il règne sur l'entier du bassin méditerranéen, et au-delà : toute la côte de l'Afrique du Nord jusqu' à l'Asie mineure; de l'Angleterre actuelle, la Gaule et la péninsule ibérique, jusqu'à la Grèce, la Palestine et l'Egypte.

Il prépare aussi sa succession : à sa mort, son fils aîné Arcadius aura en charge la partie orientale de l'empire, son cadet Honorius la partie occidentale; le généralissime Stilicon d'origine Vandale devant veiller sur eux.

En janvier 395, Théodose 1er n'a plus que quelques jours à vivre. Lors de ses derniers instants, se doute-t-il que l'Empire romain d'Occident, après avoir dominé un demi-millénaire le monde méditerranéen, est lui aussi au crépuscule de son existence ? 80 ans plus tard, en 476, le dernier empereur, le jeune Romulus Augustule, sera déposé, mettant ainsi un terme à cinq siècles de domination romaine sur une grande partie de l'Europe.

Jusqu'à nos jours, l'effondrement de l'Empire romain d'Occident a suscité bien des controverses. Une explication souvent avancée est celle des grands mouvements migratoires germaniques, qui amènent différentes peuplades à déferler en vagues successives sur l'empire romain à partir du 3ème siècle après Jésus-Christ.

Ces invasions dites "barbares" (les Romains désignent ainsi les peuples extérieurs à leur empire) donnent lieu à la fois à un processus d'intégration, à des périodes troublées, violentes, voire chaotiques, et à un lent déclin économique.

Rome a eu d'autant plus de difficultés pour contenir ces envahisseurs du Nord, que l'essentiel des légions a été envoyé aux confins de ses frontières orientales pour mater, dès le 3ème siècle, les incursions perses provenant de l'empire des Sassanides.

Le siècle suivant, en 376, des milliers de réfugiés Goths, poussés par les migrations des Huns, demandent la permission de traverser le Danube et de s'installer à l'intérieur des frontières de l'empire. Les autorités romaines chargées de leur accueil sont vite débordées, si bien que les

Goths sont rapidement réduits à la famine. Ils se révoltent contre les Romains en 377, qu'ils battent l'année suivante à Andrinople, défaite qui a un retentissement durable, mettant à mal le mythe d'invincibilité des légions. Les années suivantes, des bandes de guerriers Goths pillent la région des Balkans, vivant sur le pays au dépend de l'Empire qui doit se résigner à les accepter.

Ainsi, à la fin du 4ème siècle, Rome semble de moins en moins en mesure d'assimiler des arrivants supplémentaires au sein de son empire. Des accords sont conclus avec différents peuples barbares pour leur permettre de s'établir sur le territoire romain, notamment avec les Francs, à la frontière du Rhin et avec les Wisigoths, en Illyrie. Cela n'empêche pas ces derniers de se soulever dès 395 et d'envahir l'Italie en 401. Pour faire face à cette menace, le général Stilicon rassemble toutes ses garnisons, y compris avec des éléments pris aux frontières, pour battre les Wisigoths en 402 et 403. Ces victoires ont néanmoins des conséquences négatives. D'une part, elles affaiblissent militairement les provinces du Nord, qui ont été dégarnies de leurs troupes. D'autre part, elles vident la trésorerie de l'Empire, ne lui permettant plus de financer les légions restantes sur les frontières, dont le rôle est pourtant de contenir la poussée des Germains, refoulés par les Huns.

A cette époque, le poète Claudien écrit : *"Le Rhin, dont les garnisons se sont éloignées, est protégé par la seule terreur qu'inspire le nom romain. La postérité le croira-t-elle jamais ? La*

Germanie, naguère si orgueilleuse de ses peuples, et que jadis la présence des empereurs, avec la totalité de leurs forces, suffisait à peine à tenir en respect, se soumet docilement aux ordres de Stilicon; elle ne tente pas de franchir une frontière dégarnie, ni d'avancer dans un pays largement ouvert, elle redoute de passer un fleuve dont la rive est sans défense."

Les faits donnent tort à Claudien : le 31 décembre 406, diverses tribus venues d'Europe centrale (Vandales, Alains et Suèves-Quades) composées de conquérants armés, de pillards et d'aventuriers qui convoitent des terres, franchissent le Rhin sans rencontrer de résistance et envahissent la Gaule romaine qu'elles saccagent et pillent jusqu'en 409[2]. Rome se révèle être impuissant à faire cesser ces dévastations qui entraînent appauvrissement, famines, dépopulation et désorganisation générale. Le général romain Constantin III veut profiter de ce chaos; il quitte la Grande-Bretagne avec ses troupes pour tenter d'établir sa propre autorité sur la Gaule, laissant l'île sans défense, et permettant à cette province romaine de devenir autonome. Les mêmes peuplades germaniques qui franchissent le Rhin en 406, après la ruine des provinces gauloises, traversent les Pyrénées trois ans plus tard et se déversent dans la péninsule ibérique, semant la mort et la désolation sur leur passage.

En Italie, les Wisigoths n'obtiennent pas l'ouverture de négociations qu'ils ont demandées à

---

[2] Iaroslav Lebedynsky, La Grande Invasion des Gaules

l'Empereur Honorius qui ne cède pas. Suite à ses refus, ils assiègent Rome (ce qui n'était plus arrivé depuis 8 siècles), la réduisent à la famine et la mettent à sac en 410. Le pillage dure trois jours, avec son cortège de meurtres, viols, destructions, et la ville est partiellement brûlée. La prise de Rome cause un immense traumatisme à travers tout l'Empire et les chrétiens y voient les premiers signes de la fin du monde. En 418, après plusieurs années d'errances et de pillages en Italie et en Espagne, les Wisigoths obtiennent finalement la permission de s'installer en Aquitaine, et cette région devient aussi de plus en plus autonome au fil des ans.

En Hispanie, où de nouveaux arrivants germaniques s'étaient installées depuis 410, des Vandales et certaines autres tribus traversent le détroit de Gibraltar en 429 pour envahir les provinces romaines d'Afrique, grenier de l'empire occidental. Celui-ci n'ayant plus les moyens pour s'opposer à cette invasion, plusieurs traités sont négociés, en 435 puis en 442. Les Vandales s'étant emparés de la flotte romaine stationnée à Carthage, l'Italie est coupée de son approvisionnement en céréales.

En s'emparant ainsi de plusieurs provinces, les peuplades germaniques privent Rome des ressources financières qui lui permettent de maintenir la puissance de son armée. L'Italie, la Gaule et l'Espagne ont été ravagés, la Bretagne, l'Aquitaine et l'Afrique deviennent autonomes. On assiste ainsi à l''effondrement lent mais inexorable de l'administration impériale à l'Ouest.

En 450, l'empire Hun s'étend de la mer Caspienne à la mer Baltique, au Rhin et au Danube. Après avoir repoussé les peuples germaniques vers l'Empire romain depuis le début du siècle précédent, leur chef Attila envahit la Gaule à la tête d'une imposante armée en 451. Les Huns se dirigent vers Orléans qu'ils assiègent. Le général romain Aetius réunit ce qui reste des forces gallo-romaines dans la région, composées de plus en plus de soldats provenant de peuples fédérés comme les Burgondes, les Wisigoths, les Francs et les Alains. La bataille des champs catalauniques n'est pas décisive, mais Attila doit se replier, d'abord au Nord de l'Italie que ses armées pillent, puis il retourne en Europe centrale où il meurt subitement en 453.

En 454, l'empereur Valentinien III poignarde son général Aetius, persuadé qu'il veut s'emparer du pouvoir. L'année suivante, deux anciens officiers d'Aetius le vengent en assassinant Valentinien III.

Après leur mort, les rois barbares fédérés à l'Empire romain d'Occident cherchent tous à accroître leur puissance et à agrandir leurs territoires. En 455, les Vandales d'Afrique du Nord attaquent Rome qu'ils pillent, puis ils s'emparent de la Corse et de la Sardaigne. L'Empire romain d'Occident va progressivement se réduire à l'Italie, la Provence et la Dalmatie, et la valse des empereurs fantoches va commencer jusqu'à la déposition en 476 de Romulus Augustule par

Odoacre, officier de l'armée romaine d'Italie d'origine barbare, qui renvoie les insignes impériaux à l'empereur romain d'Orient à Constantinople.

L'autorité romaine ayant depuis longtemps cessé de s'exercer sur son territoire, l'Empire romain d'Occident se morcelle anarchiquement et laisse sa place à des royaumes barbares, qui s'affronteront pendant de nombreux siècles. L'unité durable de l'Empire et la Pax Romana, paix romaine imposée par la force à l'Europe et au bassin méditerranéen grâce à la domination de ses légions, appartiennent désormais au passé. Rome, qui était la ville la plus peuplée au monde avec jusqu'à 1 million d'habitants au 2ème siècle, ne compte plus qu'une population de 25'000 âmes à son plus bas du Moyen Age.

De nombreux auteurs ont cherché à comprendre pourquoi l'Empire romain d'Occident n'a pu se maintenir plus longtemps et a connu cette chute brutale.

L'historien britannique Edward Gibbon (1737-1794), dans son "Histoire de la décadence et de la chute de l'Empire romain", met en avant la baisse de civisme des citoyens romains qui ne s'engagent plus pour la défense de leur Empire, préférant déléguer leur sécurité à des mercenaires barbares. Selon lui, la religion chrétienne a détourné nombre de Romains de leurs devoirs de citoyens. D'autres auront certainement préféré un mode de vie urbain confortable (voire décadent) plutôt que la vie rude de légionnaire en campagne ou à un poste-frontière d'Europe centrale...

L'historien irlandais John Bagnell Bury (1861-1927), auteur de plusieurs ouvrages sur cette période, met en avant une combinaison de facteur : invasions germaniques, dépopulation de l'Italie et dépendance de l'armée romaine dans le recrutement de barbares pour maintenir un effectif militaire suffisant, et déclin économique. C'est cette série d'évènements, qui, combinés, se révèlent catastrophiques. D'autres auteurs défendent également une combinaison de facteurs expliquant la chute de Rome, comme l'historien allemand Alexander Demandt (né en 1937) dans son livre "La chute de Rome" publié en 1984. Les raisons citées par ces auteurs, sont, entre autres, l'absence d'un leader et une mauvaise gestion, la désorganisation militaire, des changements climatiques (sécheresses), une chute démographique et de la production, une société inégalitaire et corrompue avec la concentration de la richesse entre les mains d'une petite élite, un manque de fonds disponibles pour du financement, causé par le pillage par les invasions barbares et le déficit commercial avec les régions orientales.

Parmi les facteurs liés à un déclin économique, un élément retient en particulier notre attention, c'est celui de l'effondrement du système financier. D'une part, les dépenses publiques sont en hausse continue, pour financer une administration qui devient pléthorique, pour protéger les frontières dans une vaine tentative d'empêcher les incursions germaniques synonymes de raids et de pillages, et pour couvrir les coûts des guerres toujours plus fréquentes. Dans sa phase d'expansion (jusqu'en 200), l'Empire romain obtient de l'argent par la fiscalité en agrandissant son territoire. Lorsqu'il atteint ses limites les plus grandes (vers 200), l'absence d'acquisition de nouvelles terres le prive de nouvelles sources de revenus, la fin des conquêtes signifiant la fin du butin. De plus, ces longues frontières à défendre nécessitent une armée nombreuse donc coûteuse, toujours plus difficile à financer. Puis lorsque vient la période où Rome commence à perdre des territoires, elle perd aussi des sources de revenus. L'Empire romain d'Occident n'arrive donc plus à équilibrer son budget et connaît un fort endettement, avec trop de dépenses qui vont croissant, et plus assez de recettes qui vont diminuant. Pour tenter de trouver des ressources supplémentaires, la pression fiscale augmente, mais entraîne la diminution du rendement des exploitations agricoles. Comme l'impôt rentre mal, les contribuables qui ne paient pas sont jetés en prison ou vendus comme esclaves, et leurs biens sont confisqués. De plus, au fil du temps, la monnaie se déprécie, car les pièces, au lieu de contenir leur valeur en métal précieux, en contiennent moins que leur valeur. Ainsi, vers, 300, le denarius (denier), au lieu de contenir 100% d'argent, n'en contient plus que 0.02%. Toutes ces difficultés financières ont pour conséquence que Rome n'a plus les moyens d'entretenir ses infrastructures (routes, etc.), dont l'état se dégrade.

En 2005, 2 historiens ont chacun publié un ouvrage exposant leur point de vue.

Pour Peter Heather dans "La Chute de l'Empire romain", l'origine des premières difficultés de Rome remonte aux incursions sassanides sur les frontières orientales de son Empire. Il a donc été nécessaire de lever de nouvelles armées et les fonds pour les financer. Les légions qui ont été envoyées et maintenues sur place à cette occasion représentent un tiers des effectifs totaux, ce qui a détourné des moyens militaires et financiers qui étaient requis pour gérer les crises à venir, en particulier pour contrer les invasions barbares qui suivirent. Rome fait face à celles-ci avec force et détermination, car chaque perte de territoire signifie une baisse de revenu (en production agricole et en recettes fiscales), donc une baisse de la capacité de l'Empire à subvenir aux coûts de ses armées. D'autres facteurs sont mentionnés : l'économie essentiellement agraire n'a pas permis d'obtenir de nouveaux revenus ; l'administration centrale et sa bureaucratie se sont révélées être incapables de mobiliser de nouvelles ressources ; l'instabilité politique est caractérisée par des rivalités internes et des guerres civiles, qui consument des ressources militaires supplémentaires. A partir de 410, il y a suffisamment de barbares à l'intérieur de la partie occidentale de l'Empire pour que leurs communautés se renforcent et se développent au point qu'il devient impossible de les démanteler. Au final, l'autorité impériale s'est battue pour sa survie sur une période de 70 ans de combats violents et intenses jusqu'à l'effondrement du pouvoir central. Selon Heather, les facteurs militaires (menaces

Sassanides, invasions germaniques, guerres avec les Huns) ont donc été prépondérants dans le déclin de Rome, et c'est cette série d'événements qui ensemble a contribué à la chute de l'Empire d'Occident.

Pour Bryan Ward-Perkins dans "La Chute de Rome, fin d'une Civilisation", les envahisseurs germaniques, en occupant des régions entières de l'Empire, empêchent la collecte des taxes dans ces régions, et privent ainsi Rome de revenus, diminuant ses ressources et sa capacité de payer et équiper ses légions. Cela réduit la présence militaire aux frontières et dans les provinces, et facilite donc toujours plus la venue de nouveaux arrivants. Ce cercle vicieux s'est révélé être insoluble pour les derniers empereurs romains. Grâce aux rapports archéologiques, Ward-Perkins peut affirmer que la chute a été un désastre pour des millions de gens, car l'Empire était parvenu à un niveau très élevé de sophistication pour toute la société romaine.

Rappelons que les citoyens romains ont bénéficié en effet d'un niveau de confort très élevé (proche de celui dont profite nos populations au 19ème siècle), d'infrastructures performantes (eau courante grâce aux aqueducs, évacuation des eaux usées via un réseau d'égouts, thermes, hôpitaux, routes, etc.) qui sont ensuite tombé en décrépitude. La fin de l'empire d'Occident a donc été synonyme d'un recul de niveau de vie de plusieurs siècles en arrière, à des niveaux qui peuvent être qualifiés de préhistoriques.

Chapitre 2

Un long Moyen-Age

De la chute de l'Empire romain d'Occident en 476 à la naissance de l'Etat-nation moderne à partir du XVIIème siècle, s'étend plus d'un millénaire troublé, parfois anarchique et chaotique. Le début de cette période a même été surnommé "Dark Ages", "Age sombre" en français. Le Moyen Age n'a toutefois pas été qu'une longue période obscure, comme en témoigne par exemple l'art des cathédrales, du "gothique rayonnant" au "gothique flamboyant".

Au niveau de l'organisation politique, le Moyen-Age donne naissance à la féodalité sous le règne de Charlemagne, au tournant du IXème siècle. Il en résulte une atomisation extrême du pouvoir (un seigneur pouvait être vassal de plusieurs suzerains), avec toutes les rivalités et les guerres privées qui pouvaient en découler.

A la même époque, les attaques vikings bouleversent la Grande Bretagne et la France. Ces guerriers scandinaves dominent en effet les régions côtières des mers d'Europe du Nord et de l'Ouest dès la fin du VIIIème siècle jusqu'à l'an mil. Attirés par les possibilités de butin, ils deviennent réputés et craints pour leurs pillages.

Au IXème siècle, avec le partage de son empire à la mort de Charlemagne, la défense de l'Europe continentale, en proie à l'instabilité politique, est assurée de façon moins efficace et les Vikings en profitent. Entre les années 843 et 860, la France est une cible privilégiée pour ces incursions, que ce soit sur les côtes atlantiques et méditerranéennes, ou le long de la Loire et du Rhône. Des tributs sont alors versés.

Dès 866, une armée viking s'installe en Grande-Bretagne et s'étend jusqu'à constituer leur premier royaume hors Scandinavie. Leur sédentarisation incite ceux d'entre eux qui sont avides de razzias et de butins à revenir en France dès 878. Pendant toute la décennie 880, des Vikings pillent le Nord de la France, les Flandres, la Rhénanie et remontent la Seine en 885, jusqu'à Paris qu'ils assiègent sans succès. Le traité de 911 qui accorde la Normandie aux Vikings, avec charge pour eux d'empêcher les incursions de leurs semblables, permet d'y mettre fin.

Par contre, ce n'est qu'un siècle plus tard que la domination viking sur l'Irlande prend fin. Avant cela, les Vikings avaient profité des divisions irlandaises pour piller l'intérieur de l'île en remontant ses fleuves sur de longues distances.

L'Angleterre est à nouveau attaquée à la fin du Xème siècle. La victoire d'Olaf en 991 lui permet de rentrer en Norvège avec un trésor de 22'000 livres d'argent. Sven, roi du Danemark, convoite lui aussi les richesses anglaises; il y conquiert des territoires entre 1007 et 1013, avec l'assentiment de nombreux locaux, qui préfèrent un pouvoir fort au chaos qui sévit. En 1066, à la fameuse bataille de Hastings, la victoire des envahisseurs normands d'origine viking permettent à Guillaume, dit plus tard le Conquérant, de s'installer sur le trône d'Angleterre.[3]

Cette conquête explique pour une part la dispute territoriale non résolue qui oppose trois siècles plus tard les royaumes français et anglais et qui débouche sur la guerre des Cent Ans (1337-1453). Une de ses causes est en effet à trouver dans les tensions entre les rois de France et d'Angleterre au sujet des possessions anglaises de ce dernier sur le continent, et leurs tentatives de faire basculer de larges territoires dans leur sphère d'influence (ouest de la France et côtes atlantiques, Bretagne, Normandie et Flandres).

La guerre de Cent Ans ne touche pas tout le royaume français mais là où elle a lieu, elle apporte la désolation et la mort : un de ces aspects les plus meurtriers pour les populations civiles réside en effet dans l'existence de bandes armées que l'on a du mal à payer et que de longues trêves laissent sans solde. En l'absence d'intendance et d'une source régulière de revenus, elles se paient en mettant à sac les régions où elles stationnent, pillent et rançonnent les pays qu'elles parcourent, même ceux du souverain qui les emploie.

---

[3] Gilles Henry, Guillaume le Conquérant

Ces bandes sont constituées de mercenaires appelés "routiers" car appartenant à une route, c'est-à-dire à une troupe, nommées plus tard "Grandes Compagnies". Elles s'engagent dans des entreprises guerrières pour leur propre compte, à la recherche d'un employeur et d'action, de profit et de butin.

Lors des trêves (comme la paix de Brétigny en 1360), leurs troupes ne se dissolvent pas et se retrouvent oisives et sans revenu. Ainsi, de 1362 à 1365, trois grandes compagnies de routiers se livrent au pillage. Une première met en coupe réglée l'Auvergne, le Gévaudan puis le Lyonnais. L'ampleur des désordres est telle que certains habitants s'organisent en bandes d'auto-défense. Une deuxième s'établit à la Charité sur Loire en 1363 et rayonne en Bercy et en Bourbonnais. Les environs de la Charité deviennent ainsi un "no man's land". Une troisième profite de la situation confuse dans le duché de Bourgogne pour ravager le pays.

Il est fréquent que des villages entiers soient livrés aux flammes, après avoir été pillés, les hommes tués, les femmes violées. Ainsi, le 25 janvier 1362, le roi de France Jean II le Bon écrit une lettre au bailli d'Auxois, dans laquelle il indique :

"Plusieurs grandes compagnies ont été et sont encore en notre royaume et ailleurs, et croissent et multiplient de jour en jour, lesquelles (...) s'efforcent de gâter et détruire notre dit royaume (...). [Les routiers] boutent feux, tuent hommes, femmes et enfants, violent pucelles et femmes

mariées, détruisent églises, pillent, [volent] et gâtent tout ce qu'ils peuvent atteindre, et font plusieurs autres méfaits et délits tels et si énormes que horreur serait de les réciter."[4]

Les campagnes subissent de véritables razzias, qui font perdre aux paysans leurs récoltes et leur bétail. Les prisonniers sont rançonnés, et, dans l'attente du paiement, les conditions de détention sont difficiles et les mauvais traitements courants. Devant le risque d'enlèvement, les habitants limitent leurs déplacements et n'osent plus s'aventurer sur les routes devenues peu sûres.

Pour évacuer la France de ces routiers, ils sont envoyés en croisade contre le royaume musulman de Grenade en 1366, pour chasser les Sarrasins du sud de l'Espagne[5].

Le conflit franco-anglais reprend en 1369, et l'engagement des routiers est une nécessité pour l'Angleterre afin de compenser leur infériorité

---

[4] Cité du livre de Germain Butaud, Les Compagnies de Routiers en France
[5] Les croisades occidentales, qui s'échelonnent en Terre Sainte (pour libérer Jérusalem des infidèles) de 1096 à 1291, et en Espagne jusqu'en 1492 (reconquête des royaumes musulmans de la péninsule ibérique par les rois catholiques qui en chassent le dernier souverain à cette date) ont été vécus comme un traumatisme par les musulmans contemporains aux événements, en raison de la brutalité des croisés (perçus comme barbares), qui tranchait avec le raffinement de la civilisation arabe. Sur le sujet, lire Georges Tate, L'Orient des Croisades

numérique. On en rencontre sur tous les fronts où l'activité militaire est importante : Quercy, Rouergue, Poitou, Normandie, Cotentin. Le Prince Noir Edouard, duc anglais d'Aquitaine, recrute à cette occasion des routiers pour mener ses expéditions meurtrières. A son instigation, ils sont actifs sur les frontières Nord de son duché, sur les marches du Limousin et de l'Auvergne, jusqu'en Bourbonnais.

Jusqu'en 1370, les grandes compagnies sont itinérantes, mais ensuite elles s'installent dans des places fortes les deux décennies suivantes, ce qui leur permet d'avoir une emprise sur les régions alentours. Par conséquent, certains territoires échappent au contrôle du seigneur qui en avait la propriété. Cette tendance s'inverse 20 ans plus tard, lorsqu'entre 1387 et 1393, les routiers évacuent progressivement ces places fortes, première étape de la dissolution des grandes compagnies face à la montée de la puissance du pouvoir royal.

La disparition progressive des Grandes Compagnies en France ne met évidemment pas fin au recours de mercenaires dans les conflits suivants. Pendant les guerres d'Italie (1494-1559), y compris lors de la fameuse bataille de Marignan (1515), les belligérants ont recours aux services payants de soldats suisses, réputés depuis leurs victoires de Grandson (mars 1476) et Morat (juin 1476) contre le Duc de Bourgogne.

Pendant la guerre de Trente Ans (1618 à 1648), le recours au mercenariat est également la règle et non l'exception. Les armées comprennent une majorité de mercenaires dont la solde n'est cependant pas versée régulièrement par les Etats qui les emploient. Ainsi les soldats, mal payés, payés avec retard ou pas payés du tout, sont amenés à se rémunérer eux-mêmes en vivant "sur le pays"[6].

Parmi les nombreux belligérants ayant pris part à ce conflit (Saint-Empire germanique, Saxe, Palatinat, Prusse, Bavière, Bohême, Autriche, Hongrie, Croatie, Provinces-Unies, Danemark, Suède, France, Espagne, Portugal), aucun ne bénéficie d'une position dominante en Europe[7].

Aucun acteur n'étant en mesure de s'imposer rapidement et de façon décisive par rapport aux autres, l'objectif devient alors l'épuisement économique des régions traversées et le pillage de territoires, dans un but d'enrichissement. Les populations civiles deviennent donc les victimes principales, et non collatérales, de cette stratégie de prédation. La guerre devenant rentable, de véritables entrepreneurs militaires mènent les opérations en se faisant financer par de riches négociants actifs

---

[6] Les historiens s'accordent à définir la fin du Moyen Age à la fin du XVème siècle. J'ai pourtant délibérément choisi d'inclure la guerre de Trente Ans dans ce chapitre, puisqu'elle marque un tournant dans l'organisation des structures politiques et militaires des Etats européens
[7] A l'inverse de la puissance hégémonique de l'Empire romain pendant l'Antiquité, dont la suprématie militaire lui avait permis d'imposer sa paix (la Pax Romana) autour du bassin méditerranéen pendant un demi-millénaire, comme nous l'avons vu au premier chapitre

dans le commerce mondial. Les généraux, sous contrat avec un souverain, sous traitent avec des fournisseurs privés, spécialisés dans le recrutement de grandes armées et qui entretiennent des compagnies de mercenaires rapidement disponibles et avides de pillage[8].

Ainsi, quand une armée occupe une région, les villages sont contraints de payer un tribut, sinon les maisons sont brûlées et leurs habitants exécutés. Lorsqu'un secteur est épuisé économiquement, les troupes se déplacent. Au fil du temps, les armées ne font campagne plus que pour s'accaparer des revenus et des vivres, et cette recherche permanente d'argent et de nourritures devient une fin en soi.

Les destructions causées par la circulation incessante de troupes armées en campagne ou en débandade sont considérables, parfois inouïes. Les exactions sont nombreuses : tortures, massacres en masse d'innocents, viols, assassinats. La mort de millions de personnes, suite aux combats, aux razzias, aux épidémies apportées par les armées, à la famine, vide de grandes étendues d'Europe centrale de leurs populations et pèse lourdement sur l'économie des Etats dévastés.

Pour poursuivre l'effort de guerre, des entrepreneurs militaires exploitent économiquement les pays conquis, et demandent à des financiers des avances sur le butin à percevoir. Des fortunes

---

[8] Bernard Wicht, Une Nouvelle Guerre de Trente Ans ?

colossales sont ainsi amassées sur le malheur des populations par des hommes sans scrupule.

Certaines régions sortent de cet interminable conflit ruinées, dévastées, dépeuplées pour de longues années, par suite de la mort ou de la fuite des habitants vers des contrées moins exposées. L'Allemagne, traversée en tous sens par des armées venues de toutes parts, a particulièrement souffert. Les traités de paix sont signés dans un pays en ruine et qui mettra des dizaines d'années à se relever. Les autres belligérants sont financièrement exsangues.

Les atrocités commises marquent les esprits pour des décennies et restent dans la mémoire collective pendant plus d'un siècle. Les États européens prennent conscience des désavantages de l'emploi de mercenaires. L'Europe se dirige alors vers un système d'armée nationale : les effectifs augmentent, particulièrement en France. Ainsi, la guerre de Trente Ans remplace les structures féodales héritées du Moyen Age par le concept d'Etat-nation souverain, doté d'une armée permanente.

Chapitre 3

Le temps des révolutions

Révolutions américaine, française, industrielle et russe

La révolution américaine (1776)

Cette révolution est menée par les colons américains qui revendiquent l'indépendance de leur métropole britannique et elle donne lieu à une guerre de libération (1775-1783) entre ces treize colonies d'Amérique du Nord et la Grande-Bretagne.

Tout commence un peu plus tôt avec la Guerre de Sept Ans (1756-1763) entre les puissances européennes. La paix est signée en 1763 et la Grande-Bretagne, qui négocie en position de force, obtient les colonies françaises d'Amérique du Nord, des îles dans les Caraïbes et renforce sa domination sur l'Inde. Ces gains territoriaux donnent naissance à l'Empire britannique, qui deviendra la puissance hégémonique du XIXème siècle. Par contre, dans l'immédiat, cette guerre vide momentanément ses caisses. Pour les renflouer, la Grande-Bretagne impose à ses treize colonies d'Amérique du Nord des taxes, qui doivent aussi financer le maintien d'une armée permanente sur place pour garder sous contrôle les Français du Canada et les Espagnols de Floride, et apaiser les craintes amérindiennes d'une arrivée massive d'Européens sur leurs terres. Les colons se montrent extrêmement hostiles à cette armée coûteuse (estimant ne plus avoir besoin de la protection militaire britannique), ils sont également opposés à l'interdiction qui leur est faite de s'installer à l'ouest des Appalaches. Londres prévoit la construction de forts le long de cette limite de colonisation, aussi pour favoriser le commerce des fourrures avec les Amérindiens. Le gouvernement britannique estime que ces avant-postes assurent la défense des treize colonies et que leur financement en revient donc également aux colons.

Londres protège aussi son industrie et ses compagnies maritimes grâce au système mercantiliste qu'elle a mis en place, les colonies devant exporter sur des vaisseaux britanniques leurs matières premières. Celles-ci sont transformées en métropole pour être ensuite vendues à l'étranger. Les colonies américaines ne doivent acheter que des produits britanniques et leurs produits manufacturés ne doivent pas être exportés. Les navires étrangers qui commercent avec les colonies doivent passer par un port britannique afin de payer des droits de douane. Ce système n'est toutefois pas respecté par les colonies qui se livrent à la contrebande et qui dénoncent le monopole sur le trafic de certaines marchandises. Cette concurrence américaine inquiète rapidement les marchands britanniques, et suscite de l'animosité entre les commerçants coloniaux et les capitalistes de la métropole.

Le 5 avril 1764, le Parlement britannique vote le Sugar Act, très impopulaire auprès des colons, qui maintient les taxes sur le sucre et les mélasses, et les étend à d'autres produits (certains vins, café, piments, bois, fer, etc.). Quelques jours plus tard, le Currency Act interdit l'émission de billets de banque dans les treize colonies et permet à la métropole de contrôler leur système monétaire. Les assemblées coloniales protestent vivement contre cette mesure qui assure la prééminence de la livre sterling.

Le Stamp Act, voté en 1765, institue un timbre fiscal obligatoire pour tous les documents officiels, permis, contrats commerciaux, journaux, testaments, livres et cartes à jouer. Cette loi affecte tous les colons et non plus seulement les marchands et est peu appliquée en raison des résistances des Américains : menaces et intimidation sur les collecteurs de taxe, destruction des timbres.

De nombreuses associations voient le jour afin d'organiser la protestation et relayer les appels au boycott des marchandises britanniques. Les colonies envoient aussi des lettres ainsi que des pétitions à Londres, revendiquant le droit des colons à être représenté au Parlement britannique.

Le 24 mars 1765, ce même Parlement édicte un premier Quartering Act qui exige des assemblées coloniales de répondre aux besoins des troupes armées britanniques (logement, nourriture, etc.). La décision provoque une série d'émeutes dans les villes américaines.

La crise entre les colonies et le Parlement se prolonge en 1767 avec les Townshend Acts, instituant une taxe sur les matières premières importées dans les colonies américaines. L'objectif est de gagner 40'000 livres chaque année pour financer l'administration coloniale, réduire le déficit budgétaire et renforcer les contrôles douaniers. Les troupes britanniques reçoivent des renforts pour maintenir le calme à Boston. Londres doit faire marche arrière devant le boycott de ses marchandises et les lois sont abrogées, même si la taxe sur le thé est maintenue.

Le 5 mars 1770, au cours d'une violente manifestation dans le centre de Boston, les soldats britanniques tirent sur la foule et sept personnes y trouvent la mort, ce que les journaux de la ville mettent en valeur pour en faire le symbole de l'oppression britannique.

Le Tea Act est voté en mai 1773 afin de permettre à la Compagnie anglaise des Indes orientales de vendre son thé aux treize colonies sans acquitter de taxes, pour rétablir les finances de la compagnie en renforçant son monopole, mais elle ruine les marchands indépendants. Le 16 décembre 1773, des colons jettent plus de 300 caisses de thé par dessus les quais : c'est la Boston Tea Party. En représailles, la Grande-Bretagne décide de fermer le port de Boston en mars 1774, d'imposer une lourde indemnité aux Bostoniens, de réquisitionner les maisons inoccupées pour héberger les soldats britanniques et de réformer la procédure judiciaire.

Les actions entreprises contre le pouvoir britannique prennent des formes de plus en plus radicales et organisées : rédaction de pamphlets, recours au boycott, manifestations. Les violences et émeutes urbaines, au départ sporadiques et limitées, se multiplient contre les représentants de l'autorité britannique, qui sont parfois passés au goudron et aux plumes, leurs bureaux incendiés, leurs maisons pillées. Progressivement, les acteurs de la contestation politique cherchent à se fédérer et à coordonner leurs actions, et forment les assemblées inter-coloniales, puis les congrès provinciaux. L'ultime étape, qui fait définitivement passer la contestation en révolution, est la création du Premier Congrès continental, acte éminemment illégal du point de vue de la métropole, car il met sur pied une assemblée politique indépendante, dont le but premier est de coordonner l'action des colonies, avant de se transformer en véritable instrument de gouvernement. En octobre 1774, ce Congrès exige la reconnaissance des libertés américaines et confirme le boycott des produits britanniques.

Au début de l'année 1775, les Américains pillent les armureries et organisent des milices. Les forces américaines sont toutefois très inférieures à l'armée britannique, en effectif et en qualité. La première bataille opposant les soldats britanniques aux Américains se déroule à l'ouest de Boston le 19 avril 1775 et marque le début de la guérilla.

Le 4 juillet 1776, les représentants des colonies réunis à Philadelphie adoptent la déclaration d'indépendance. Cette proclamation conduit à une confédération où chaque État conserve sa liberté et sa souveraineté. Pour ménager les Etats du Sud, l'esclavage n'est pas aboli.

Dans un premier temps, les volontaires américains, sous-équipés, ne peuvent tenir tête aux régiments britanniques plus expérimentés. Après une série de revers, la guerre tourne cependant à l'avantage des insurgés, ce qui encourage les ennemis européens de la Grande-Bretagne à entrer en guerre. La France, suivie de l'Espagne et des Pays-Bas s'engagent alors du côté des américains (ce qui vide les caisses de Louis XVI, comme nous le verrons plus loin).

En 1783, Londres doit finalement reconnaître l'indépendance des Etats-Unis. Le dollar est émis pour la première fois en 1785, dans un contexte difficile d'endettement après la guerre d'indépendance.

La Convention de Philadelphie se réunit entre mai et septembre 1787 pour rédiger puis adopter la Constitution américaine, qui n'établit cependant ni l'égalité civique (d'où la lutte pour les droits civiques menée par les Afro-américains jusque dans les années 1960), ni le suffrage universel : seuls les citoyens propriétaires dont le niveau d'imposition dépasse un certain seuil sont électeurs, à l'exception des femmes, des esclaves noirs et des Amérindiens, ces derniers étant exclus de la citoyenneté américaine[9]. La fin des hostilités leur est donc fatale : elle permet la colonisation américaine au-delà des Appalaches et l'expansion vers l'Ouest, qui mènera à l'extermination des tribus indigènes, au génocide de tout un peuple et à la disparition de leur culture le siècle suivant[10].

La Révolution américaine a un retentissement important en Europe. Les journaux européens suivent avec attention ce qui se passe outre-atlantique, tout en critiquant le sort réservé aux Amérindiens et aux esclaves noirs. Les généraux français qui ont participé à la guerre d'indépendance, ramènent des idées qui auront un impact sur la Révolution française.

La révolution française (1789)

Lorsque Louis XVI monte sur le trône de France en 1774, la famine sévit dans son royaume, ses impôts dépouillent les pauvres, ses campagnes souffrent de misère et de disette, alors que noblesse et clergé sont des rapaces intouchables et cupides. La situation nécessiterait plusieurs réformes en profondeur : moderniser les structures étatiques et l'organisation administrative de la France; abolir les privilèges injustifiés de l'aristocratie; réformer le système fiscal, car les nobles et les religieux ne paient pas d'impôts; et équilibrer le budget de l'Etat. Tout un programme...

---

[9] Michael Parenti, Democracy for the few
[10] Dee Brown, Enterre mon Cœur à Wounded Knee

Louis XVI est conscient que pour réaliser ce dernier point, il devra, entre autres, restreindre le train de vie de la Cour à Versailles, qui engloutit des sommes astronomiques en divertissements, fêtes et jeux d'argent, en pensions et en charges, sans compter la nuée de domestiques et de militaires à son service. Au fil des ans, ces dépenses seront de plus en plus mal vues auprès de l'opinion publique et vaudront à Marie Antoinette, reine légère et frivole, grande joueuse et dépensière invétérée, amatrice de luxe, de toilettes, de bijoux et de bals, le surnom de Madame Déficit.

Pendant la guerre d'indépendance américaine, la France soutient les insurgés américains contre leur ennemi britannique commun. Cet appui militaire vide toutefois le trésor, forçant l'Etat à emprunter toujours plus. La dette augmente, et dès 1786, la faillite menace. La situation exigerait une ferme reprise en main, une gestion stricte et rigoureuse du budget, la suppression des rentes et pensions, et une réduction drastique des dépenses de la Cour, composée d'une myriade de parasites. Mais Louis XVI manque de poigne, de courage, d'assurance et d'autorité. Il s'oppose sans succès à la rapacité des grands seigneurs qui défendent leurs privilèges, et ne parvient pas à introduire l'égalité devant l'impôt, la noblesse et le clergé en étant toujours exemptés. En 1788, la crise économique s'aggrave, avec une hausse du chômage et des prix, le climat devient insurrectionnel.

Dans une ultime tentative de sauver le royaume de la faillite, Louis XVI rappelle Necker, son ancien directeur général du Trésor. Les attentes sont alors énormes : assainissement des finances, suppression des abus, de la corruption et des inégalités, diminution des impôts pour la population et réduction du chômage. A Versailles, seul le roi semble percevoir l'imminence de la catastrophe. La Cour continue à se distraire sans réduire son train de vie, jetant ses derniers feux dans l'ivresse de bals, refusant de voir qu'elle est au crépuscule de son existence.

La crise financière étant désespérée, Louis XVI est contraint de convoquer les Etats généraux, assemblée exceptionnelle réunissant les trois ordres : la noblesse, le clergé et le Tiers Etat (représentant la paysannerie, la bourgeoisie, et tous les travailleurs). Les deux premiers ordres sont sous le feu des critiques, en raison de leur fainéantise et de leur oisiveté, et nombreux sont ceux qui pensent que leurs privilèges n'ont plus de raison d'être. La prolifération de pamphlets injurieux nuisent beaucoup à l'image de la royauté. L'impôt rentre mal, le pain est cher, l'emploi rare, la misère et la disette s'étendent, l'ordre monarchique est remis en cause dans tout le royaume. Début 1789, sur 600'000 habitants, il y a plus de 100'000 pauvres à Paris, qui souffrent de la faim et du froid. La situation n'est pas meilleure dans les provinces.

Pour préparer la réunion des Etats généraux, des cahiers de doléances sont rédigés, qui posent le principe d'une monarchie parlementaire, avec le pouvoir législatif exercé par des représentants de la population, l'égalité devant l'impôt et la suppression des privilèges. Lorsque les Etats généraux se réunissent en mai 1789, des troubles éclatent dans le royaume et l'insécurité s'installe. En juin, les Etats généraux se proclament Assemblée nationale, accomplissant ainsi un coup d'état. Début juillet, des soulèvements agitent Paris, le peuple est dans la rue. Le 14 juillet, les émeutiers s'emparent de fusils aux Invalides, puis vont chercher de la poudre et des balles à la Bastille, où se rassemble au moins 100'000 Parisiens dont la fureur ne peut être contenue. Depuis Versailles, Louis XVI n'imagine pas la gravité de ce qui vient de se produire, il n'a plus ni autorité, ni forces armées, ni police pour imposer l'ordre. L'insubordination et le chaos se généralisent. Les révoltes s'étendent à la France entière : pillages, émeutes, attentats, meurtres, incendies surviennent partout. Les paysans s'arment pour attaquer les châteaux, les arsenaux et les abbayes, emportent les grains et les armes et brûlent les archives. Le 4 août, les représentants de la noblesse aux Etats généraux, pris de panique, acceptent l'égalité devant l'impôt, la suppression des privilèges, et l'abolition des droits féodaux. Le clergé leur emboîte le pas en renonçant à la dîme, alors que les représentants des villes abandonnent les privilèges provinciaux, municipaux, corporatifs. Les droits de chasse, les justices seigneuriales, les pensions sont également supprimés.

Par suite de l'anarchie grandissante, le commerce et l'industrie sont paralysés, le chômage prend des proportions inouïes, les impôts ne rentrent plus, les caisses de l'Etat sont toujours vides, et l'approvisionnement des villes se fait mal.

A Paris, comme le pain commence à manquer, une foule mécontente se forme et se rend à Versailles, et ramène le roi et sa famille à Paris, aux Tuileries.

1791 voit la crise financière s'aggraver et les prix montent. Le papier monnaie, appelé assignat, est imprimé en trop grandes quantités et perd 60% de sa valeur entre 1790 et 1793. Le 10 août 1792, une foule envahit les Tuileries, des gardes suisses sont massacrés et le roi et sa famille sont emmenés au donjon du Temple où ils sont emprisonnés. En Vendée, en Bretagne, en Normandie, en Dauphiné, on se dresse contre l'enfermement du roi : c'est la guerre civile. Fin août, les armées austro-prussiennes occupent brièvement le nord du pays. Le gouvernement révolutionnaire incite les commissaires des départements à user de leurs pleins pouvoirs. A Paris, les visites domiciliaires, les perquisitions, les arrestations se multiplient, 3000 suspects sont placés derrière les barreaux. Début septembre, des révolutionnaires font le tour des lieux de détention et massacrent des prisonniers. Le 21 septembre, la royauté est abolie et la France devient une République. En décembre, commence le procès de Louis XVI, lors duquel il est déclaré coupable de conspiration, condamné à mort puis guillotiné le 21 janvier 1793. Marie-Antoinette le suivra sur l'échafaud quelques mois plus tard.

Cette même année, les armées étrangères ennemies sont toujours aux frontières, la guerre civile menée par les Vendéens, les aristocrates et les royalistes fait plus de 100'000 victimes, les troubles, la misère et la famine continuent : la population devient sceptique au sujet de la révolution. Chaque citoyen devient suspect, des innocents sont incarcérés, accusés, condamnés après une parodie de justice, puis guillotinés par milliers : c'est la Terreur. La population, qui essaie de survivre au jour le jour, assiste impuissante aux règlements de compte entre révolutionnaires divisés, et se lasse de cette justice expéditive et des trop nombreuses exécutions.

L'hiver 1794, les prix s'envolent toujours plus haut et le grain manque. Le rythme des émissions d'assignats passe de 700 millions par mois à 3 milliards en mars 1795, 3.2 milliards en avril, puis 5 milliards, causant la perte de leur valeur, si bien que les paysans veulent être payés en pièces d'or et que le troc se généralise. Les ouvriers sont sans travail, affamés, les plus désespérés se suicident.

Dès mai 1795, des insurrections populaires éclatent à Paris. Un jeune général d'artillerie du nom de Napoléon Bonaparte, fidèle à la Révolution, mate une émeute dans le sang en octobre.

En 1796, les assignats ne valent plus rien et sont remplacés par une nouvelle monnaie-papier, appelés "mandats territoriaux", qui ne vaudront plus qu'un pourcent de leur valeur monétaire initiale un an plus tard. Napoléon Bonaparte est nommé général en chef des armées françaises d'Italie, avec pour instruction de mener une guerre de pillage pour renflouer les caisses vides de l'Etat. Malgré les victoires des armées d'Italie, le gouvernement révolutionnaire doit combattre sur sol français à la fois les anarchistes et les royalistes. Napoléon

Bonaparte devient si populaire qu'il s'affranchit du gouvernement et rentre à Paris en 1797 glorieux et vainqueur, puis il repart coloniser l'Egypte avec son armée. En France, l'Etat fait un défaut partiel sur sa dette et en supprime deux tiers de sa valeur, ruinant ainsi de nombreux créanciers. Le citoyen qui s'est fié au papier-monnaie voit sa fortune divisé par 3000. L'administration est corrompue, la misère, le chômage et la famine perdurent, les pays voisins de la France menacent de l'envahir, les routes pullulent de pillards et de brigands, 14 départements sont en révolte, le régime est aux abois.

En 1799, Napoléon Bonaparte, informé de la situation en France, rentre d'Egypte et prend le pouvoir à l'occasion d'un coup d'état militaire : la révolution française est terminée, et la saga napoléonienne peut commencer, avec ses batailles légendaires (Marengo, Austerlitz, Auerstaedt, Eylau, Wagram...)[11].Les guerres napoléoniennes mettront le continent européen à feu et à sang pendant 15 ans, et l'Empire dirigé par Bonaparte s'étendra à L'Espagne, au Benelux, à la Suisse, l'Italie, l'Allemagne et la Pologne. La défaite de Napoléon à Waterloo en 1815 laisse l'Empire britannique sans rival et assoit son hégémonie pour le siècle à venir.

La révolution industrielle (XIXème siècle) et l'hégémonie britannique (Pax Britannica)

Du Moyen Age au XVIII ème siècle, la société est féodale et essentiellement agricole. La

---

[11] Laurent Joffrin, Les Batailles de Napoléon

productivité est faible, les champs sont exploités de façon collective. Les périodes de prospérité alternent avec des crises : épidémies, guerres, famines. La mortalité infantile est élevée, l'alimentation est essentiellement à base de céréales, ce qui entraîne des carences. La révolution industrielle permet le passage de cette société féodale à dominante agricole et artisanale à une société commerciale et industrielle. Des innovations techniques et des découvertes scientifiques caractérisent la révolution industrielle, qui marque donc une véritable rupture dans l'histoire humaine.

Le premier pays à s'être industrialisé est la Grande-Bretagne. Dans un premier temps, l'énergie des inventeurs anglais est d'abord surtout mobilisée au profit de son importante flotte maritime qui domine les mers du globe et qui assure les communications entre l'île britannique et son immense empire colonial. Puis la Grande-Bretagne assure sa domination industrielle dans les autres domaines : la production de charbon s'accroît fortement, le textile et la sidérurgie britanniques se développent rapidement.

La Grande-Bretagne bénéficie également d'une suprématie financière. Les banques de Londres sont en effet incontournables dans ce domaine et la monnaie de référence pour les échanges internationaux est la livre sterling.

Au XIX ème siècle, la puissance hégémonique britannique est donc globale : industrielle, économique, financière et militaire.

Londres dicte les règles, par exemple commerciales (le libre-échange), maintient la stabilité du système économique et monétaire (l'étalon-or), l'équilibre politique international et impose la paix mondiale (il n'y a pas de conflit important de 1815 à 1914) : c'est la Pax Britannica.

Le déclin britannique et la montée de la puissance allemande au tournant du siècle va générer désordre et instabilité dans le système international pour finalement conduire au déclenchement de la 1ère guerre mondiale en 1914.

La révolution industrielle a un impact considérable sur les populations du XIX ème siècle, mais aussi sur celles du XX ème siècle et jusqu'à nos jours. Le confort dont nous bénéficions aujourd'hui est basé sur des découvertes et des avancées faites pendant la révolution industrielle : production d'électricité, extraction d'énergies fossiles (charbon puis pétrole et gaz), développement de la chimie et de la médecine moderne. Notre mode de vie urbain, notre individualisme, notre société de consommation y trouvent aussi leur source. Enfin, les émissions de gaz à effet de serre, dont l'accumulation dans l'atmosphère est responsable du réchauffement climatique, la perte de la biodiversité, liée en grande partie à la déforestation, et les pollutions de l'eau, de l'air et des sols ont également leur origine dans l'industrialisation de notre civilisation.

Ces conséquences environnementales ne sont évidemment pas anticipées au XIXème siècle, et ce sont plutôt les conditions des ouvriers qui préoccupent à ce moment. Tous les pays européens engagés dans le processus de révolution industrielle connaissent des troubles. Les combats sociaux s'organisent, le mouvement syndical se structure et parvient à mobiliser de plus en plus d'ouvriers. La pensée socialiste et communiste devient leur référence théorique, en particulier les écrits de Karl Marx. Leur référence pratique sera la révolution russe.

La Révolution russe (1917)

L'Empire russe des XVIIIème et XIXème siècles est une monarchie où un seul individu détient le pouvoir de façon personnelle et absolue. Ainsi, le Tsar est parfois nommé « Autocrate de toutes les Russies ».

L'ancien régime féodal est réformé par le tsar Alexandre II en 1861, avec l'abolition du servage (du latin servus, « esclave »), qui obligeait la plupart des paysans à travailler une terre appartenant à une autre personne sans pouvoir ni la quitter ni changer leur condition. Certains serfs affranchis migrent vers les villes qui sont à la recherche de main-d'oeuvre, car au tournant du siècle, la Russie connaît un essor industriel. Le pays reste toutefois essentiellement rural, mais avec de plus en plus de paysans sans terres.

Des mouvements révolutionnaires, influencés et séduits par les idées marxistes, se développent. Ils sont durement réprimés par la police tsariste et certains opposants sont emprisonnés, déportés, alors que d'autres s'exilent pour éviter l'arrestation.

En janvier 1905 à Saint-Petersbourg, une manifestation populaire de 30'000 personnes, pour la plupart ouvriers, est réprimée dans le sang par l'armée du tsar qui tire sur la foule. En signe de protestation, les ouvriers de Saint-Pétersbourg se mettent en grève, qui sera suivie par 150'000 travailleurs. Ces mouvements vont être repris dans tout le pays, via des actes de protestation qui prennent différentes formes : soulèvements révolutionnaires, émeutes, meurtres d'industriels. Malgré quelques concessions du tsar Nicolas II, la situation ne s'améliore guère et les tensions politiques subsistent.

Après le déclenchement de la première guerre mondiale (1914-1918), l'armée russe connaît de nombreuses défaites. L'industrie du pays ne parvient pas à soutenir l'effort de guerre et le ravitaillement de l'armée est insuffisant. Les pertes humaines sont énormes (en millions de morts et blessés) et des mutineries éclatent. Les populations civiles souffrent aussi de famine.

Le tsar est prévenu que la stabilité du pays est menacée, alors que son épouse est particulièrement impopulaire. En décembre 1916, son conseiller Raspoutine est assassiné.

Des coopératives, syndicats, comités divers deviennent des pouvoirs parallèles et se chargent d'assurer des services (approvisionnement, soins, transports) que l'Etat n'est plus en mesure d'assumer.

L'hiver 1916-1917 est rude, la population souffre de la faim alors que la guerre continue ses ravages. En février, des grèves spontanées éclatent, en particulier à Saint-Petersbourg, la tension monte et les affrontements avec les forces de l'ordre font des victimes des deux côtés. Les manifestants s'arment en pillant les postes de police. Le tsar fait intervenir l'armée qui tue de nombreux manifestants. Les soldats rejoignent cependant le camp des émeutiers, qui peuvent ainsi compléter leur armement : c'est la révolution, le tsar abdique et est assigné à résidence. La chute rapide et inattendue de la monarchie suscite dans le pays une vague d'enthousiasme, mais aussi de confusion car les gouvernements provisoires se succèdent rapidement alors que les ouvriers et les paysans se politisent.

Les exilés de toutes opinions, dont Lénine, peuvent revenir au pays, les libertés de la presse, de réunion, de conscience sont proclamées. Des conseils d'ouvriers, de paysans et de soldats, appelés soviets, se réunissent bientôt dans les principales villes du pays, puis dans ses campagnes. Avec l'effondrement économique et l'impopularité de la guerre, la propagande pacifiste du parti bolchevique (ancêtre du parti communiste) dirigé par Lénine gagne de l'influence.

Après l'échec d'une offensive de l'armée déclenchée début juillet, les troupes ne veulent plus se battre et les désertions se multiplient. Dans les usines, les bolcheviks organisent une grève massivement suivie. Fin août, trois régiments dirigés par un général se dirigent vers Saint-Petersbourg pour écraser les grévistes et prendre le pouvoir par la force. Les bolcheviks organisent eux-mêmes la défense de la capitale, ce qui leur permet de se réarmer et de déjouer ce putsch militaire. Leur prestige, leur audience, leur autorité en ressortent grandi. Des syndicats se rangent du côté des bolcheviks et de plus en plus de soviets leur accordent la majorité. Dans les campagnes, les paysans s'emparent des terres des seigneurs, las d'attendre une réforme agraire promise mais qui ne vient pas. Les soldats, largement d'origine paysanne, désertent en masse afin de pouvoir participer à temps à la redistribution des terres.

En octobre 1917, Lénine et Trotsky considèrent que le moment est venu pour les bolcheviks d'organiser une insurrection armée et de renverser le gouvernement provisoire. Un comité militaire révolutionnaire est créé au sein du soviet de Saint-Petersbourg, composé d'ouvriers armés et de soldats. Il s'assure le ralliement ou la neutralité de la garnison de la capitale et prépare la prise d'assaut des points stratégiques de la ville. Les événements se déroulent presque sans effusion de sang. Le lendemain, Trotsky annonce officiellement la dissolution du gouvernement provisoire lors de l'ouverture du Congrès des soviets des députés ouvriers et paysans. Un nouveau gouvernement, nommé « conseil des commissaires du peuple », décide la nationalisation des banques et le contrôle ouvrier sur la production.

L'assemblée constituante russe est élue en décembre 1917. Bien qu'ils atteignent 25 % des voix et obtiennent plusieurs succès dans les grandes agglomérations, les bolcheviks sont minoritaires avec 175 élus sur 707 députés. La dissolution de la constituante par les groupes armés des gardes rouges suit immédiatement sa première réunion. La majorité de la population reste indifférente à ce coup de force. Pour assurer la sécurité intérieure, la « Commission extraordinaire de lutte contre le sabotage et la contre-révolution » est fondée. Son action n'a aucune base légale et elle est conçue comme un instrument de répression indépendant de la justice. Elle cible les autres partis, les grévistes, multiplie les appels à la délation, et exécute les opposants. Elle est aussi chargée des délits de presse, la presse non-bolchevique est censurée. Les révoltes paysannes sont réprimées à travers la Russie. Les forces de l'ordre tirent alors sur des marches de la faim, fusillent des grévistes, brisent les meetings populaires.

Lénine et Trotsky n'ont pas l'intention de bâtir une société socialiste seulement en Russie, mais aussi dans les pays industrialisés d'Europe en général et en Allemagne en particulier. Ces espoirs seront déçus et le pouvoir bolchevique restera isolé sur le plan international. Sur le plan intérieur, leur prise solitaire du pouvoir ne fait pas l'unanimité et des troupes fidèles au gouvernement mènent une guerre civile. Sur le plan économique, le pays est confronté à d'immenses difficultés. Quatre ans de guerre contre l'Allemagne ont en effet ravagé la Russie et l'ont privée d'une grande part de ses approvisionnements. Les paysans ont déjà cessé de ravitailler les citadins et il faut procéder à des réquisitions forcées de céréales afin de nourrir les villes, où la famine menace. Des bandes de pillards parcourent les campagnes à la recherche de nourriture. La production industrielle a chuté en raisons des grèves. Il devient impératif pour le gouvernement bolchevique de mettre fin à la guerre, ce qui est fait en mars 1918. Le traité de paix ampute la Russie de 26 % de sa population, 27 % de sa surface cultivée, 75 % de sa production d'acier et de fer.

Les principales puissances décrètent un embargo drastique sur la Russie et débarquent des troupes pour empêcher une victoire allemande à l'Est, car, en dépit du traité, l'Ukraine est occupée par les troupes allemandes. Après la défaite finale de l'Allemagne, les armées étrangères se retournent contre la révolution par peur d'une contagion bolchévique. La jeune république soviétique est confrontée au même moment aux révoltes paysannes et ouvrières, ainsi qu'à une insurrection à Moscou le 7 juillet. La police politique riposte en instaurant la « terreur rouge » : des milliers de prisonniers et de suspects sont massacrés à travers la Russie.

Simultanément, des armées russes appelées "blanches" luttent contre le nouveau pouvoir bolchévique. Dans tous les territoires qu'elles contrôlent, la "terreur blanche" s'abat d'emblée sur les populations paysannes insoumises (des villages entiers sont brûlés, leurs habitants fusillés, les femmes violées, leurs biens pillés), les Juifs (les pogroms antisémites font 150'000 morts), les libéraux, les nationalistes, les démocrates, les syndicalistes et tous les éléments révolutionnaires. Les simples suspects sont abattus au moindre soupçon. La jeune armée "rouge" bolchévique dirigée par Trotsky remporte contre ces armées blanches ses premières victoires.

La guerre civile russe n'oppose pas seulement "l'armée rouge" bolchévique aux "armées blanches" monarchistes soutenues par les armées étrangères. Il s'y ajoute en effet une autre guerre, menée par des "armées vertes", guérillas paysannes qui refusent les enrôlements forcés dans les deux armées, les réquisitions imposées, la restitution des terres aux anciens propriétaires fonciers, et toute autorité extérieure aux campagnes. Les déserteurs des armées rouges et blanches sont extrêmement nombreux (3 des 5 millions de soldats de l'armée rouge) et certains rejoignent les rangs des armées vertes. La riposte de l'armée rouge est impitoyable : des centaines de villages déportés en intégralité, des milliers d'insurgés fusillés, les femmes et les enfants des partisans pris en otage et parfois tués.

À côté des différents camps, de nombreux chefs de guerre et d'aventuriers profitent de l'effondrement de l'autorité en Russie pour piller, massacrer et s'autoproclamer dirigeants de territoires plus ou moins vastes.

La guerre civile russe est confuse et chaotique, elle ruine le pays, en proie à l'anarchie.

Pour mener cette guerre totale contre ses ennemis, le régime nationalise la quasi-intégralité du commerce, les banques, l'industrie et même l'artisanat. Alors que la production, le niveau de vie et la monnaie s'effondrent, le pays vit à l'heure du troc et du marché noir, les salaires sont versés en nature. Les armées blanches soutenues par l'étranger sont finalement défaites fin 1920. Les dernières grandes révoltes paysannes sont écrasées en 1922. Au moment de la victoire de l'armée rouge, la Russie est dévastée et exsangue. Les villes se dépeuplent, beaucoup d'ouvriers et de citadins affamés retournent travailler la terre. C'est ainsi que Moscou et Saint Petersbourg se vident de moitié. En 1921-1922, une famine doublée d'une épidémie de typhus tue plusieurs millions de personnes à travers le pays. Au total, 13 millions de Russes ont péri de mort violente entre 1914 et 1921 : 2,5 millions par la première guerre mondiale, autant par la guerre civile et les massacres des terreurs blanche, rouge et verte, 5 millions par la famine et plus de 2,5 millions par l'épidémie.

Le parti bolchévique, débarrassé de tous ses rivaux, devient parti unique doté du pouvoir absolu. La Russie devient un Etat policier qui opprime sa population. L'appareil policier bolchévique, doté de pouvoirs arbitraires très étendus, connaît un énorme développement. Les syndicats sont épurés, les grévistes fusillés, les coopératives absorbées, le tsar Nicolas II et la famille impériale sont exécutés sommairement. Arrestations, prises d'otages, internement et déportations en camps deviennent des pratiques courantes qui annoncent les grandes purges staliniennes des années 1930.

Chapitre 4

L'entre-deux-guerres (1919-1939), le krach de 1929 et la grande dépression

Lorsque l'armistice est signé le 11 novembre 1918, mettant fin à la première guerre mondiale (1914-1918), le bilan du conflit est terrible : 9 millions de morts, la Belgique et le Nord de la France sont dévastés, la Grande-Bretagne est affaiblie, l'Allemagne humiliée, les Etats belligérants sont endettés car les dépenses de guerre ont fortement pesé sur leurs budgets. La dette française passe ainsi de FRF 25 milliards en 1914 à FRF 279 milliards en 1924, la dette américaine passe de USD 1,2 milliards à USD 25,5 milliards en 1919. Pour ne rien arranger, une récession brutale frappe les Etats-Unis dès 1920, caractérisée par un fort ralentissement industriel, des faillites et des grèves. La crise américaine s'étend aux pays européens qui doivent faire face à un chômage important.

La saignée démographique due à la guerre est aggravée par la pandémie de grippe de 1918-1919, surnommée "grippe espagnole" qui cause à travers le monde entre 20 et 100 millions de morts, de l'estimation la plus optimiste à la plus pessimiste.

En 1919, les vainqueurs du conflit imposent à l'Allemagne la signature du traité de Versailles, qui prévoit notamment le paiement par celle-ci de lourdes réparations, s'élevant à 132 milliards de marks-or, afin qu'elle contribue à la reconstruction des pays qu'elle avait envahi. La République allemande de Weimar, en proie à de graves difficultés financières, ne parvient pas à honorer ses remboursements. En représailles, la France et la Belgique occupent militairement la Ruhr, région la plus industrialisée de l'Allemagne, et contrôlent les mines et les usines dès 1923. Les ouvriers allemands répondent à cette occupation par la grève générale et la résistance passive. Pour continuer à payer les ouvriers en grève, l'Etat allemand imprime de la monnaie, ce qui fragilise la valeur déjà chancelante du mark.

En effet, l'Allemagne doit emprunter sur les marchés financiers, mais les spéculateurs méfiants n'accordent leurs prêts qu'à court terme. Dès que la situation semble se dégrader, ils retirent leurs capitaux et le mark perd ainsi graduellement de sa valeur. La chute du mark se précipite à partir de l'été 1922 : en juin, une conférence internationale pour la fourniture d'un prêt échoue, et les financiers privés n'osent à leur tour plus avancer de nouveaux capitaux. La confiance dans la monnaie allemande disparaît, causant l'apparition de l'hyperinflation : un dollar vaut 42 marks en janvier 1920, 420 marks le 03.07.1922, 4'430 marks le 21.10.1922, 49'000 marks le 31.01.1923, 760'000 marks le 26.07.1923, 4,8 millions de marks le 08.08.1923, 53 millions de marks le 07.09.1923, 440 millions de marks le 03.10.1923, 5 milliards de marks le 11.10.1923, 42 milliards de marks le 22.10.1923, 420 milliards de marks le 03.11.1923, 4'200 milliards de marks le 20.11.1923 !

Pour la population allemande dans la vie de tous les jours, cela signifie que tous les prix augmentent d'heure en heure : l'addition d'un repas pris au restaurant n'est pas la même selon qu'on règle la note au moment de la commande ou après le dessert. Le coût de l'envoi d'une lettre par la poste passe de 10 marks à 60 marks entre janvier et juillet 1923, puis à 100'000 marks jusqu'au 20 septembre, à 40 millions de marks jusqu'au 12 novembre, et finalement à 30 milliards de marks le 30 novembre 1923.

Pour maintenir leur pouvoir d'achat, les ouvriers et employés sont payés jusqu'à deux fois par jour. Le troc apparaît pour se procurer des produits alimentaires et des biens de première nécessité, en raison de la perte de confiance dans le papier-monnaie.

Le 1er décembre 1923, une nouvelle monnaie, le Rentenmark, gagé sur l'or, est introduite et remplace l'ancienne devise au taux de 1 pfennig pour 10 milliards de marks. Dans la foulée, un accord est conclu pour ré-échelonner les paiements des réparations de guerre et les capitaux américains ne tardent pas à affluer à nouveau.

En effet, aux Etats-Unis, l'économie reprend le chemin de la croissance dès 1922. La production augmente, les Américains jouissent du plein emploi, les prix restent stables, les taux d'intérêt sont bas, la Banque fédérale libère des fonds et de l'argent est donc disponible. Cet argent est investi à la bourse et les marchés financiers semblent être en hausse perpétuelle. Dès lors, la majorité des investisseurs, professionnels ou amateurs, n'hésitent pas à emprunter pour placer de l'argent. Un sentiment général de prospérité, de confiance et d'optimisme entraîne une folie spéculative en 1928, qui continue de façon effrénée en 1929. Cependant, en 1929, les cours sont volatiles le premier semestre, puis à nouveau en forte hausse dès juillet. L'été 1929 se caractérise donc par un état d'esprit particulièrement enthousiaste, voire euphorique, et les placements à crédit continuent de plus belle. La croyance en une hausse permanente se renforce, mais fin septembre connaît une baisse et en octobre, les marchés sont imprévisibles.

Le 23 octobre, le début de la journée est paisible à Wall Street. L'après-midi, des ventes d'actions automobiles font chuter le marché, prenant la bourse par surprise. Le 24 octobre (qui sera appelé jeudi noir), une vague de ventes cause l'effondrement des cours. A 11h30, la panique s'empare des marchés, et la situation tourne au chaos. Une foule immense afflue dans Wall Street. L'après-midi, des banques effectuent des rachats d'actions pour soutenir les prix qui chutent, mais la baisse a déjà ruiné des milliers de petits investisseurs. Après cette dégringolade, la bourse finit enfin par se stabiliser après un nombre record d'opérations, mais la Réserve fédérale n'intervient pas.

Les 25 et 26, les cours se maintiennent, mais le lundi 28, les ordres de ventes affluent dès l'ouverture. Une énorme vague de liquidation déferle sur Wall Street, causant un nouvel effondrement des prix.

Le mardi 29, dès l'ouverture des marchés, l'effondrement des cours continue et les actions sont vendues à n'importe quel prix, les opérateurs boursiers sont à nouveau pris de panique. Pour éviter un risque de pénurie de crédit, la banque de New York injecte 132 millions de dollars, permettant aux banques d'obtenir des liquidités, et sauvant ainsi certaines institutions d'une faillite immédiate. Cependant, les Etats-Unis sont frappés par l'ampleur du désastre. Plus d'un million d'Américains sont affectés par le krach, voire complètement ruinés. Ailleurs dans le monde, d'autres places boursières sont touchées : au Canada, en Australie, et en Europe, Londres, Amsterdam, Bruxelles[12].

L'effondrement du marché américain laisse des traces car les deux semaines suivantes sont baissières à Wall Street. La confiance et l'optimisme sont remplacés par la peur et l'incertitude. Les ventes dans le commerce de luxe et l'automobile diminuent, faute de nouveaux clients. De nombreux biens, maisons, bijoux avaient été achetés à crédit

---

[12] John Galbraith, La Crise économique de 1929
Maury Klein, Le Krach de 1929
Gordon Thomas et Max Morgan-Witts, Les Coulisses du Krach de 1929

et leurs propriétaires sont désormais insolvables et ne peuvent donc plus rembourser. Le krach affecte principalement les classes riches ou aisées, qui réduisent leurs dépenses d'investissements et de consommation. Confrontés à une baisse des commandes, les industriels doivent diminuer la production et le chômage augmente dès décembre 1929.

Pour éviter une récession, la présidence américaine décide une réduction des impôts (négligeable), le lancement de travaux publics (modestes), ainsi qu'une baisse des taux d'intérêts. Ces mesures se révèlent inefficaces car dès 1930, l'activité stagne, de nombreuses faillites se produisent et les indicateurs économiques (prix, revenus, production, consommation) sont à la baisse et continuent de se contracter les années suivantes. Ainsi, le nombre de chômeurs américains passe de 3 à 13 millions entre 1929 et 1932 (soit un quart de la main d'oeuvre disponible), deux millions d'Américains sont sans abri et les manifestations de la faim se multiplient. Tout au long de cette même période, la production industrielle baisse de moitié, plus de 700 banques américaines font faillite et la Bourse continue à baisser. Cette crise économique frappe les Etats-Unis pendant 10 ans, période qui sera appelée "grande dépression". Ainsi, en 1938, le produit national brut américain est presque d'un tiers inférieur à celui de 1929 et une personne sur cinq est toujours sans travail.

A la suite de l'économie américaine, l'économie mondiale entre en récession, des milliers de banques font faillite de même que des dizaines de milliers d'entreprises. Le commerce international ralentit, des mesures protectionnistes sont prises, et cette baisse des échanges se répercute sur l'Europe. Le niveau des exportations allemandes baissent de 25% en volume de 1929 à 1932 et la production industrielle chute de 20%.

En mai 1931, la plus importante banque autrichienne fait faillite. L'Allemagne doit elle aussi faire face à une situation de panique bancaire et les épargnants allemands se ruent aux guichets pour retirer leur argent, n'ayant plus confiance dans les institutions bancaires et craignant leur faillite. La Danatbank annonce le 12 juillet 1931 son insolvabilité. Le lendemain, le gouvernement allemand annonce la fermeture temporaire des banques et des caisses d'épargne pour tenter de calmer les esprits. La récession s'aggrave et le chômage atteint six millions de personnes en 1932, soit plus de 25% de la population active. Le mécontentement des citoyens permet au parti nazi d'obtenir 32% des voix et Hitler est nommé chancelier. Son parti nazi devient parti unique et l'Allemagne commence à se réarmer au mépris du traité de Versailles.

En 1936 éclate la guerre civile d'Espagne, annonciatrice des désolations qui frapperont bientôt le monde. En 1938, l'Allemagne annexe l'Autriche puis la Tchécoslovaquie, plaçant le continent européen au bord de l'abîme : le compte à rebours infernal est lancé. En 1939, l'invasion de la Pologne par les armées hitlériennes déclenche la deuxième guerre mondiale (1939-1945), qui tuera environ 62 millions de personnes, dont une majorité de civils.

Chapitre 5

Aujourd'hui

Comme nous l'avons vu dans les chapitres précédents, lorsqu'un pouvoir devient assez fort pour imposer sa domination à tous (puissance hégémonique), il permet d'assurer ordre, paix et prospérité, même si leurs bénéficiaires (peuples, nations) sont contraints d'accepter son autorité.

Ainsi, l'empire romain, puissance hégémonique de l'Antiquité, a imposé sa paix romaine (Pax Romana) à toutes les populations du bassin méditerranéen, leur faisant profiter en contrepartie d'un niveau de vie inégalé jusque là dans l'histoire. La chute de l'Empire romain d'Occident a entraîné l'effondrement de ce niveau de vie et a plongé l'Europe dans le Moyen-Age, période de désordre, d'instabilité et de morcellement du pouvoir, aucune puissance ne parvenant sur le long terme à s'imposer aux autres.

Au XIXème siècle, c'est l'empire britannique qui détient le leadership mondial grâce à la domination de sa flotte marchande et militaire, à sa puissance financière et commerciale. Cette Pax Britannica offre une parenthèse de paix d'un siècle au continent européen, aucun conflit majeur ne se déroulant pendant cette période.

A la fin du XIXème siècle, avec le déclin de la prééminence britannique, s'ouvre un cortège de désolation qui vaudra à la première moitié du XXème siècle deux guerres mondiales, un krach boursier et une crise économique sans précédent.

En 1945, les USA sortent grand vainqueur de la seconde guerre mondiale et mettent en place les institutions pour assurer leur leadership économique : accords de Bretton Woods et création du FMI (Fond Monétaire International) et de la Banque Mondiale. C'est la Pax Americana, les USA prenant influence sur le commerce, l'économie et la finance mondiale. Sur le plan militaire, la rivalité avec l'Union soviétique ne débouche sur aucun conflit majeur (la course aux armements a mené à un équilibre de la terreur assuré par leurs arsenaux respectifs pendant toute la durée de la guerre froide), toute velléité belliqueuse étant freinée par le risque d'un holocauste nucléaire (Pax Atomica).

Cet édifice hégémonique qui a permis une croissance économique sans précédent pendant les "trente glorieuses" (1945-1975) commence toutefois à se lézarder dans la décennie des années 1970 : défaite américaine au Vietnam, fin de la convertibilité en or du dollar et dévaluation de ce dernier, chocs pétroliers qui sonnent le glas de l'énergie bon marché, premières mises en garde écologistes (rapport sur les limites à la croissance publié par le Club de Rome), récession économique avec hausse du chômage et des dettes publiques.

Dès la fin des années 1980, l'effondrement de l'Union soviétique, de son économie planifiée et de sa monnaie met un terme à la confrontation Est-Ouest. Seule l'existence de longue date d'une économie parallèle (double emploi, marché noir) et la culture de jardins potagers dans leurs datchas (résidence secondaire à la campagne) permet à la population russe de passer ce cap difficile.

Au lieu du nouvel ordre mondial promis par le président George Bush, ces deux dernières décennies se sont montrées plus agitées que prévu. Du point de vue de la finance mondial, d'abord.

Au début des années 2000, la bulle internet explose, en raison de la survalorisation boursière des entreprises dite de la "nouvelle économie". Après s'être appréciés, les cours des titres de ces entreprises actives dans les nouvelles technologies s'effondrent, c'est le premier krach du siècle. Nombre de particuliers se détournent alors de la bourse pour leurs placements, et préfèrent investir dans l'immobilier, d'autant plus que le crédit est disponible et bon marché.

Une catégorie particulière de prêts hypothécaires à taux bas, appelés subprime, sont accordés à des personnes au revenu modeste (voire sans revenu !), sans s'alarmer du fait qu'elles ne pourraient de toute évidence jamais rembourser. Ceux qui émettent ces prêts immobiliers ne risquent pas de ne pas être remboursé (ils prêtent donc à n'importe qui, même à des personnes insolvables), car ils ne gardent pas ces crédits, ni le risque lié à ces créances. Ils les revendent à des banques qui, après les avoir achetés, les transforment en obligations hypothécaires (l'opération qui consiste à transformer ces prêts en obligations s'appelle titrisation) et les revendent ensuite sur les marchés financiers à n'importe quel investisseur.

En 2005, les prêts subprime émis ont un taux fixe bas pour les deux premières années, puis leur taux devient variable à partir de 2007. Par conséquent, jusqu'à cette date, pas grand chose de visible ne se passe (du moins en apparence). Seuls quelques rares investisseurs ont anticipé depuis quelques années ce qui allait survenir[13]. En effet, lorsque le taux fixe devient variable après deux ans et qu'il monte, les emprunteurs se trouvent dans l'impossibilité de rembourser.

En juin 2007, l'indice d'obligation hypothécaire subprime s'effondre et la débâcle peut commencer. Les banques qui ont acheté ces prêts commencent à essuyer leurs premières pertes, qui seront colossales. En 2008, le FMI estime les pertes bancaires à 1000 milliards de dollars. A titre d'exemples, la banque Morgan Stanley perd environ 9 milliards de dollars, l'UBS 19,7 milliards de francs suisses, et la banque centrale suisse (la BNS) lui rachète des actifs toxiques à hauteur de 39 milliards de dollars. La banque Bearn Stearns, dont l'action valait 130$ en octobre 2007 et à peine plus de 60$ début mars 2008, est rachetée par la banque JP Morgan fin mars pour 10$ l'action. Washington Mutual (créée en 1889) et Lehman Brothers (créée en 1850) font faillite en septembre 2008. Le même mois, la banque Merrill Lynch, qui essuie 52

---

[13] Michael Lewis, le casse du siècle

milliards de dollars de perte dans le cadre de la crise des subprimes, est rachetée par la Bank of America. La holding Wachovia (fondée en 1879 à Charlotte) est reprise par Wells Fargo, après une tentative avortée de rachat de la banque Citigroup (qui a perdu elle-même 60 milliards de dollars dans l'aventure des subprimes et qui s'est vu garantir plus de 300 milliards de dollars de ses actifs par le gouvernement américain, ce qui représente tout de même 2% du PIB des Etats-Unis !). La générosité de ce même gouvernement ne va toutefois pas s'arrêter là, puisqu'il décide d'absorber toutes les pertes du système financier avec l'argent du contribuable. Il va prêter 85 milliards de dollars à AIG (qui malgré cela fait faillite, ses actifs sains sont repris par JP Morgan), prendre le contrôle des sociétés Fannie Mae et Freddie Mac (qui avaient financé les prêts hypothécaires et menacent également de faire faillite), persuader le Congrès de débloquer 700 milliards de dollars d'argent public pour racheter des actifs subprimes aux banques. Cet argent a été finalement simplement distribué aux banques, les principaux bénéficiaires étant Citigroup, Morgan Stanley, Goldman Sachs et quelques autres. Au final, de septembre 2008 à début 2009, les risques et pertes associées à plus de 1000 milliards de dollars ont été repris par l'Etat fédéral américain.

Plusieurs points méritent d'être relevés à propos de cette situation à la fois hallucinante et scandaleuse.

Premièrement, les banques se sont comportées de façon non seulement cupide (rien d'étonnant jusque là) mais aussi idiote (et il faut l'être pour accorder des prêts hypothécaires à des personnes insolvables).

Ensuite, ces mêmes banques sollicitent et obtiennent gratuitement de l'argent appartenant aux citoyens et contribuables américains, ce qui n'a que peu fait réagir ces derniers.

Enfin, tout aussi peu de voix se sont élevées pour rappeler que l'Etat (déjà fort endetté) n'est pas sensé intervenir dans un système capitaliste (où tout autre entreprise qui commettrait de telles erreurs ferait faillite sans être renflouée avec l'argent public). Ou alors faudrait-il renoncer à prétendre être capitaliste et faire bénéficier toutes les entreprises de la garantie étatique ?

Si ce n'est pas le cas, comment expliquer l'empressement du gouvernement à voler à le rescousse de ces banques ? Lorsque la bulle immobilière américaine éclate, des sociétés commencent à retirer leur argent des marchés financiers dans le monde entier. Les banques ne se prêtent plus entre elles, ni à personne d'autre d'ailleurs. Le système financier risque alors de devenir insolvable et de s'effondrer. Or, sans banque, plus de crédit. Comme la société moderne est basée sur la capacité à acheter maintenant et à payer plus tard, sans crédit, plus de commerce. Sans commerce, tout s'arrête...

Le cas américain n'est toutefois pas isolé, les USA n'étant pas les seuls à avoir bénéficié d'un crédit quasiment illimité et bon marché provenant des banques. Lors du lancement de l'euro, les pays du sud de l'Europe ont eux aussi pu emprunter à des taux d'intérêts bas. Au lieu d'assainir leurs finances, améliorer leur compétitivité, leur système éducatif ou investir dans l'innovation, ils ont gaspillé l'argent emprunté. Comme nous le verrons, la Grèce a arrosé sa population d'avantages sociaux, l'Irlande et l'Espagne ont financé leurs bulles immobilières. C'est pourquoi la crise américaine des subprimes, lorsqu'elle survient et provoque l'effondrement des marchés financiers, a des répercussions immédiates et majeures sur de nombreux autres pays[14].

Ainsi, en octobre 2008, les principales banques d'Islande, qui avaient investi à tort et à travers sur les marchés financiers et acheté à des prix astronomiques des titres surévalués, se retrouvent avec une dette extérieure de plus de 100 milliards de dollars. Le marché des actions islandais chute de 85% et la monnaie islandaise s'effondre également.

Fin 2009 en Grèce, à l'occasion du changement de pouvoir, le nouveau gouvernement découvre l'ampleur des fraudes et de la corruption,

---

[14] Michael Lewis, Boomerang Europe: Voyage dans le Nouveau Tiers-Monde
Olivier Pastré et Jean-Marc Sylvestre, Le Roman vrai de la Crise financière

l'impôt ne rentre pas, et le niveau de surendettement est comparable à celui d'un pays du Tiers-Monde. N'étant pas en mesure de rembourser, l'Etat grec est en faillite.

D'un côté, le secteur public est pléthorique, inefficace et coûteux. De l'autre, les très nombreux travailleurs indépendants ne déclarent pas leurs revenus, sans être inquiétés ; même des entreprises trichent pour se soustraire à l'impôt.

Les mesures d'austérité prises comprennent la diminution des salaires des fonctionnaires, des coupes dans les dépenses de l'Etat, des hausses d'impôts et de la TVA, une flexibilisation du marché du travail et un relèvement de l'âge de départ à la retraite. 100 milliards d'euros de dette publique sont effacés et des prêts à hauteur de 500 milliards d'euros sont accordés à titre d'aide. Devant la crainte que la Grèce sorte de l'euro, puis dévalue sa monnaie, les Grecs vident leurs comptes de peur de tout perdre.

En 2010 en Irlande, au moment où la bulle immobilière éclate, 20% des travailleurs du pays construisent des maisons, le bâtiment représente 25% du PIB irlandais et absorbe 25% des prêts accordés par les banques. Avec l'effondrement du marché immobilier, les banques essuient donc des pertes colossales (de l'ordre de 100 milliards d'euros), le système bancaire s'écroule, entraînant l'effondrement de toute l'économie. A l'étranger, plus personne ne faisant confiance aux banques irlandaises, plus personne ne leur prête de l'argent. En dernier ressort, c'est la BCE qui leur prête 97 milliards d'euros. De son côté, le gouvernement irlandais prend la décision incompréhensible de garantir toutes les dettes de ses banques. Il aurait pu les sauver en ne garantissant que les dépôts, pour éviter une panique bancaire ("bank run", qui aurait poussé les déposants à vider leurs comptes). Bien que ces dettes contractées par les banques étaient privées, le gouvernement décide pourtant de les prendre à son compte et de les rembourser comme si c'était une dette publique. Cette dette bancaire devient donc la dette de la population irlandaise qui va devoir supporter ce fardeau et le rembourser sans protester. Cette décision suicidaire coûtera plus de 100 milliards d'euros au contribuable irlandais. Reste 100'000 logements construits qui resteront inoccupés. Pour qui ces maisons ont-elles été construites ? Il n'y a pas assez d'habitants en Irlande pour les remplir.

L'Espagne a elle aussi connu l'explosion de sa bulle immobilière, lui laissant plus de 3 millions de logements vides sur les bras. De très nombreuses caisses d'épargne espagnoles doivent fusionner, certaines sont nationalisées via le fonds de restructuration des banques espagnoles. Celles-ci doivent emprunter massivement auprès de la BCE et bénéficient d'un plan d'aide européen.

A Chypre, pour sauver son secteur financier, même les déposants ont été mis à contribution. Les comptes de plus de 100'000 euros de Bank of Cyprus ont été ponctionnés à hauteur de 47,5 %. La Laiki Bank ayant été liquidée, ses dépôts de plus de

100'000 euros ont subi une perte entre 80% et 90% de leur valeur.

Au total, entre 2009 et 2013, la crise de la zone euro et son sauvetage a coûté 1000 milliards d'euros au contribuable européen.

La dette

Depuis les années 1980, les besoins publics n'ont cessé de croître, les Etats dépensent trop (ce qui n'avait pas empêché certains de baisser leurs impôts, comme les USA et la Grande-Bretagne). Ils vivent à crédit en empruntant massivement aux épargnants du monde entier. Lors de la crise de 2008, les banques ne trouvent plus de liquidités et menacent de faire faillite. Les Etats s'endettent massivement pour sauver le système financier. La dette privée des banques est donc transférée aux Etats, sur les épaules du contribuable.

Depuis, certaines banques centrales, notamment américaine, japonaise, britannique, ont créé de la monnaie en rachetant de la dette publique. A titre d'exemples, la Fed (banque centrale des USA) injecte plus de 3600 milliards entre 2010 et 2014. La Banque centrale du Japon mène cette politique monétaire depuis 2001 en inondant son pays de yens et poursuit cette fuite en avant, au point que l'on peut se demander ce que vaut encore la monnaie japonaise. Ce faisant, une partie des dettes publiques est ainsi transférée vers les banques centrales, ce qui n'empêche pas les Etats de rester surendettés : En 2014, la dette japonaise représente 250% de son PIB, un peu plus de 100% pour les USA, mais au total 60'000 milliards de $ si on additionne dette publique et privée américaine. Toujours en 2014, la situation de la dette en Europe du sud n'est guère meilleure : 175% du PIB pour la Grèce, 134% du PIB pour l'Italie, 129% du PIB pour le Portugal, 112% du PIB pour Chypre, 97% du PIB pour l'Espagne. La dette de l'Irlande a augmenté de 25% du PIB en 2006 à 116% du PIB en 2014. La France, elle, est passée de 7.5% du PIB en 1973 à 95% du PIB en 2014, soit plus de 2000 milliards d'euros de dettes.

De cette situation découle les politiques d'austérité dans un contexte d'absence durable de croissance économique. Cela signifie que les finances de l'Etat, des systèmes sociaux et des collectivités locales, ne sont plus maîtrisés. Par exemple, il manque à la France chaque année plusieurs milliards d'euros qu'il faut emprunter pour payer les dépenses et les retraites. Le risque existe donc que des Etats soient bientôt incapables d'assurer toutes les dépenses de fonctionnement du service public de base tels que écoles, hôpitaux, armée, police et retraites[15.]

Crise économique

Après l'éclatement de la bulle supbrime aux USA et des bulles immobilières en Europe

---

[15] Philippe Jaffré et Philippe Riès, Le Jour où la France a fait Faillite (politique-fiction)
Jacques Attali, Tous ruinés dans 10 ans ?
François Lenglet, Qui va payer la Crise ?

(notamment Espagne et Irlande), après le krach boursier et l'aggravation du surendettement des Etats qui s'en est suivi (renflouement des banques avec les deniers publics), c'est maintenant la persistance de la crise économique qui inquiète.

Plusieurs indicateurs en témoignent, par exemple la hausse du nombre des faillites et des chômeurs en Europe depuis 2008 : il y a ainsi plus de 25 millions de sans emploi dans l'Union européenne en 2014. Ils sont inégalement répartis : sans surprise, les pays les plus touchés par la crise sont ceux dont nous avons déjà parlé précédemment. Ainsi, dans la deuxième moitié de 2014, le taux de chômage est de 26% en Grèce, 24% en Espagne, 14% au Portugal, 13% en Italie, 11% en Irlande et 10.5% en France. Plus grave, le taux de chômage des jeunes reste à des niveaux stratosphériques dans certains pays, à près de 50% parfois.

Conséquences de l'austérité et du chômage, la consommation est en berne et la croissance quasi nulle. Ainsi, à l'automne 2014, le FMI réduit ses prévisions de croissance pour l'année en cours pour de nombreux pays : par exemple de 0.8% à 0.4% pour la France; de 1.3% à 0.3% pour le Brésil, en récession; de 1.6% à 0.9% pour le Japon, menacé de stagnation; et de 1.1% à 0.8% pour la zone euro, dont on peut craindre que la faiblesse de la croissance se prolonge, tout comme la faible inflation qui pourrait se transformer en déflation.

Avec la baisse du pouvoir d'achat, la pauvreté augmente en Europe, que ce soit parmi les travailleurs pauvres, les chômeurs longue durée, les jeunes ou les seniors sans travail, ou les sans emploi qui ont épuisé leurs droits aux indemnités chômage. Outre-Atlantique, les USA ont eux aussi connu une contraction de leur population active ces 5 dernières années : 13 millions de personnes ont en effet quitté le marché du travail et n'apparaissent plus dans les statistiques. Par contre, on les retrouve vivant dans la nature, dans des campings (logeant sous tente ou dans des mobile-homes pour les plus fortunés), ou sur des parkings où se regroupent des camping-cars. Pour ceux qui restent en ville (et dont la maison n'a pas été saisie suite aux subprimes), la survie se fait par la débrouille et la solidarité dans le meilleur des cas, sinon par le crime et les trafics. Le meilleur exemple américain de ce phénomène se trouve à Détroit où les habitants pauvres se sont regroupés en mouvements autonomes d'autogestion, qui assurent une petite production locale (ateliers, artisans, jardins communautaires) pour les besoins de base. Pourquoi à Détroit ? Les fermetures d'usines automobiles à partir de 1958 ont fait passer la population de cette ville de 1'850'000 habitants en 1950 à moins de 700'000 aujourd'hui, dont la moitié sans emploi et le tiers sous le seuil de pauvreté. Cet effondrement industriel et économique a donc causé un effondrement démographique, social et financier, la ville de Detroit déclarant faillite en 2013 avec une dette de 18,5 milliards de dollars. Le centre-ville ressemble à un décor de film post-apocalyptique, avec ses bâtiments inoccupés et livrés à l'abandon. La suppression de services publics (entretien, éclairage nocturne...) va de pair avec une criminalité record, Detroit étant la ville la plus dangereuse des USA et dans le top ten mondial pour ce qui est du taux d'homicide par habitant.

On observe aussi au niveau national une hausse du nombre d'Américains qui dépendent de l'Etat pour se nourrir via la distribution de bons alimentaires ("foodstamps"). Ainsi, en 2014, près de 48 millions d'Américains ne mangent pas à leur faim (dont 20 millions de mineurs), soit 15% de la population plongée dans une grande pauvreté.

Le maintien d'un filet social minimal permet à l'Europe d'éviter ces extrêmes. Une dégradation de la situation économique reste toutefois d'actualité, notamment dans les pays du sud de l'Europe (en particulier Grèce, en récession depuis 2008, Espagne et Portugal), la baisse des prix alimentant la crainte d'une déflation et d'une "japonisation" de la zone euro. Pour inverser cette tendance, la Banque centrale européenne tente de prendre des mesures. Seront-elles efficaces ? Si, pour répondre à cette question, on se réfère à l'exemple japonais, le doute est de mise. En effet, depuis de nombreuses années, il n'y a plus de croissance au Japon et la spirale déflationniste n'est pas enrayée par les interventions massives mais inopérantes de sa banque centrale qui injecte en pure perte des milliards de yens dans une économie stagnante et qui ne montre aucun signe de reprise.

La Chine inquiète également, son système financier étant exposé à une bulle du crédit : les provinces et les entreprises publiques se sont en effet endettées à des niveaux records. Un jour se poseront donc les questions du remboursement de cette dette et de la capacité du système de crédit chinois à résister à une défaillance. Cette explosion du crédit laisse d'autant plus perplexe qu'une part considérable de ces prêts ont été accordés à des projets de construction sans utilité économique réelle : aéroports surdimensionnés, ponts et routes vers nulle part, villes fantômes. Cette surabondance de logements disponibles, un ralentissement des ventes et une baisse des prix, suscitent des craintes même si le gouvernement chinois semble pour le moment en mesure d'empêcher un effondrement du marché de l'immobilier, qui serait dévastateur pour l'économie et le système financier du pays.

Le cas russe diffère car la mauvaise passe que son économie traverse est causée par des facteurs externes : sanctions occidentales, d'une part, suite à son annexion de la Crimée et son soutien supposé aux indépendantistes ukrainiens ; chute du prix du pétrole, d'autre part, qui est sa principale source de revenus. Il en a résulté l'effondrement de la monnaie russe, le rouble ayant perdu près de la moitié de sa valeur entre le début et la fin de l'année 2014.

Insécurité ici, conflits ailleurs

Dès la fin du XVIème siècle, les guerres modernes nécessitent des ressources (financières et militaires, qui reposent sur le contrôle d'un territoire et d'une population) si importantes qu'elles ont conduit à la création de l'Etat-nation qui seul peut y subvenir.

Cependant, depuis le fin de la seconde guerre mondiale en 1945, l'affaiblissement de l'Etat se conjugue avec la montée de conflits menés sous forme de guérillas. Depuis lors, les gouvernements sont déstabilisés par des organisations non étatiques comme des seigneurs de la guerre (Afrique) et des groupes terroristes armés, qui se financent via le crime organisé (mafias) et leurs trafics (drogues, armes, diamants ou pétrole de contrebande)[16].

Certains Etats ne contrôlent pas l'entier de leurs territoires[17], où règnent parfois une corruption généralisée (Etat failli qui n'est plus en mesure d'assurer la sécurité, la justice et de protéger sa population, comme au Mexique) ou une violence anarchique sous forme de luttes armées (avec dans certains cas des Etats voyous qui bombardent leur propre population civile, comme en Syrie).

Certains de ces conflits donnent parfois lieu à des interventions militaires de la communauté internationale (France au Mali et en Centrafrique, coalition en Afghanistan, Irak, Syrie). D'ailleurs, lorsque les bombardements français sur les positions djihadistes en Irak ont commencé, la liste

---

[16] Bernard Wicht, Une Nouvelle Guerre de Trente Ans ?

[17] particulièrement en Afrique (Libye, Mali, Niger, Tchad, Soudan, Ethiopie, Somalie, Nigeria, Centrafrique, République démocratique du Congo) et au Proche et Moyen-Orient (Territoires palestiniens, Syrie, Irak, Afghanistan)

des pays où le ministère français des affaires étrangères recommandait à ses ressortissants en voyage une vigilance accrue s'est passablement allongée[18].

Autre conséquence, le système de l'aide humanitaire est complètement débordé par l'accumulation de ces crises imprévisibles et l'éclatement de conflits dans des myriades d'endroits, et le financement de cette aide est en quasi-banqueroute. Le nombre des déplacés dans le monde est de 51,2 millions à fin 2014 et n'a jamais été aussi élevé depuis la Seconde Guerre mondiale.

Cette instabilité internationale illustrée par une multiplication des conflits s'invite également en Europe avec la guerre civile en Ukraine et l'annexion de la Crimée par la Russie. Au coeur de l'Europe occidentale, des zones de non droit apparaissent également dans certaines banlieues où des gangs et des bandes criminelles dirigent des trafics et rackets avec une large impunité. Cela

---

[18] Indonésie, Malaisie, Philippines, Afghanistan, Pakistan, Ouzbékistan, Comores, Burundi, Tanzanie, Somalie, Ouganda, Arabie Saoudite, Yémen, Tunisie, Syrie, Qatar, Oman, Maroc, Liban, Algérie, Iran, Irak, Emirats arabes unis, Egypte, Ethiopie, Djibouti, Kenya, Mali, Soudan, Mauritanie, Bahrein, Sénégal, Koweït, Jordanie, Israël et territoires occupés, Turquie, Tchad, Nigeria, Niger, Burkina.

nourrit un grandissant sentiment d'insécurité, fait d'incivilités, hooliganisme, délinquance, cambriolages et agressions[19]. Parfois, une étincelle met le feu aux poudres et ces faits divers qui appartiennent maintenant à notre vie de tous les jours se transforment en émeutes avec pillages et guérillas urbaines (embrasement des banlieues françaises en 2005, manifestations contre les violences policières qui dégénèrent aux USA en 2014).

La bombe à retardement écologique et climatique

Le compte à rebours du réchauffement s'est enclenché il y a 200 ans (lors de la révolution industrielle), alors que les changements climatiques précédents s'étaient étalés sur des milliers d'années. Cependant, ce n'est qu'à la fin des années 1960 et au début des années 1970 que l'écologie fait son entrée dans le débat politique : remise en cause de la société de consommation et de son corollaire, le gaspillage; prise de conscience de la limitation des ressources terrestres; premières dénonciations de la dégradation de l'environnement en raison de l'activité humaine. En 1972, le Club de Rome publie son premier rapport, "Halte à la croissance", qui avertit qu'un développement perpétuel est impossible, car la planète est un monde fini.

Le facteur démographique a largement contribué à cette situation. La population mondiale

---

[19] Laurent Obertone, La France Orange mécanique

s'est élevée de 300 millions en l'an mil à 1 milliard en 1815, à 3 milliards en 1950, à 6 milliards en 2000, à 7 milliards en 2013, et est prévue à 9 milliards en 2050 et à 11 milliards en 2100. Il est cependant clair que ces 9 ou 11 milliards d'humains ne pourront pas avoir le même niveau de consommation matérielle que les occidentaux, en raison de l'incapacité de notre planète à le supporter et de ressources insuffisantes, avec pour conséquence une augmentation de l'inégalité mondiale.

Pour 2014, la population mondiale a consommé en 8 mois l'intégralité des ressources que la Terre peut produire sans compromettre leur renouvellement. Pour les quatre mois restants de l'année, nous sommes en situation de déficit écologique. Cette dette écologique signifie que nous demandons plus à la nature que ce que nos écosystèmes peuvent renouveler. Ainsi, il faudrait une planète et demie pour produire les ressources actuellement utilisées. Notre approvisionnement énergétique n'est lui aussi pas illimité. Il n'y a également que quelques décennies de réserves connues pour la plupart des métaux et minéraux utilisés dans l'industrie. Ayant atteint les limites physiques des stocks disponibles, le risque existe qu'une course aux ressources entraîne rivalités et conflits.

Une autre conséquence dramatique de l'activité humaine est l'accumulation des gaz à effet de serre (en particulier gaz carbonique), qui découle notamment de l'utilisation massive de combustibles fossiles (charbon, pétrole, gaz naturel) et qui est à l'origine du réchauffement climatique. Il en résulte tous les récents phénomènes météorologiques extrêmes (ouragans, inondations, sécheresses), ainsi que la hausse de la température. Celle-ci cause à son tour la fonte du pergélisol (en anglais permafrost) qui contient des milliards de tonnes de carbone ainsi que du méthane qu'il relâcherait dans l'atmosphère suite à son dégel. Le réchauffement provoque également la fonte des glaces et l'élévation du niveau des océans. L'érosion de toutes les zones côtières contraint déjà les premiers réfugiés climatiques de l'histoire à quitter leurs îles, notamment dans le Pacifique. Ce dernier phénomène pourrait toutefois vite devenir ingérable, car il y a des centaines de millions de personnes qui vivent dans des régions situées à moins d'un mètre au-dessus du niveau de la mer. Dans d'autres régions, c'est la sécheresse qui rend des zones inhabitables, entraînant des baisses de rendement agricole, des pénuries d'eau potable et des mouvements de population supplémentaires. Les derniers rapports sur ces sujets émanant du GIEC (groupe d'experts intergouvernemental sur l'évolution du climat) tirent la sonnette d'alarme.

Une autre étude publiée par le WWF à l'automne 2014 fait le tragique constat de la chute de plus de moitié des populations mondiales d'espèces sauvages lors de ces 40 dernières années. En cause, la pollution des écosystèmes (air, eaux, sols), la surpêche, la destruction des habitats naturels attribuable aux activités humaines, comme la déforestation. Ainsi, un tiers des espèces sont menacées de disparation, à un rythme jusqu'ici inégalé d'une centaine de fois plus élevé que la moyenne. Nous vivons donc la 6ème extinction massive des espèces depuis le début de la vie sur Terre il y a 3 milliards d'années, mais la première causée par l'homme (la 5ème s'était produite au Crétacé il y a 65 millions d'années suite à la chute d'un astéroïde, qui avait mis fin au règne des dinosaures).

Face à ce génocide, certaines personnalités contribuent à sensibiliser les opinions publiques. Parmi d'autres, citons l'ancien vice-président Al Gore et son film "une vérité qui dérange", le réalisateur Yann Arthus Bertrand et son film "Home", le journaliste-reporteur-animateur (notamment de l'émission "Ushuaïa") et écrivain ("le syndrome du Titanic") Nicolas Hulot. Ils sont toutefois controversés au sein même du mouvement écologiste car jugés trop complaisants à l'égard de ceux qui tiennent les rennes des pouvoirs politiques, économiques et financiers.

D'autres comme Hervé Kempf sont moins consensuels en dénonçant le pillage avide des ressources et la cupide course aux profits menés par les puissants, dont le comportement cynique et égoïste détruit la planète et met en péril notre société basée sur la consommation et la croissance, le gaspillage et la pollution[20]. Il accuse ainsi cette oligarchie prédatrice et rapace de mettre son véto à tout changement pour maintenir ses privilèges, à

---

[20] Hervé Kempf, Comment les Riches détruisent la Planète

l'image de la classe aristocratique française du XVIIIème siècle dont le refus de toute réforme a entraîné sa propre chute lors de la révolution de 1789[21].

---

[21] Hervé Kempf, L'Oligarchie ça suffit, vive la Démocratie

Epilogue

Demain

"Des organisations sans territoire, mais dotées d'une réelle puissance financière et militaire, ne sont-elles pas en train de supplanter l'Etat-nation ou (...) de le concurrencer (...) ?"
Bernard Wicht

"La montée vraisemblable de conflits (...) ne pourrait qu'engendrer un climat de violence et de peur, dont le seul effet politique serait une autonomisation de l'Etat sur fond d'anarchie"
Emmanuel Todd

"Un cycle ne se bouclerait-il pas qui, par une apparente régression, nous ramènerait vers un nouveau Moyen-Age ?"
Alain Minc[22]

Entre 2007 et 2009, il y a eu un risque réel d'effondrement bancaire. Or, dans un système qui se veut capitaliste, lorsqu'une banque est en faillite, l'Etat n'est pas sensé la renflouer avec l'argent du contribuable : c'est pourtant ce qui est arrivé. Puis les banques centrales ont inondé les marchés de

---

[22] Ces trois citations sont tirées du livre de Bernard Wicht, Europe Mad Max demain ?

liquidités, mais au lieu de s'investir dans l'économie réelle, ce flot d'argent a alimenté la bourse et servi à la spéculation.

Ce total laisser faire appliqué à la finance mondiale relève donc d'un anarchisme de droite, qui s'affranchit de l'Etat et de toute règle. Comme l'homme ne semble pas capable d'apprendre de ses erreurs et ne change pas de trajectoire, les investisseurs les plus cupides continuent à maximiser leurs profits à court terme en prenant tous les risques, fragilisant ainsi un peu plus le système financier mondial.

Ainsi, de nouvelles pratiques financières émergent et suscitent l'interrogation : shadow banking, dark pool, flash ou high frequency trading.

Le shadow banking est un système bancaire parallèle qui voit transiter des milliers de milliards de dollars sans être soumis à aucune régulation. Les acteurs de ce marché (fonds, sociétés de financement, assureurs) contournent ainsi les règles suite au renforcement des normes bancaires, en prêtant de l'argent collecté auprès d'investisseurs, qui eux cherchent à maximiser leurs profits grâce à de meilleurs taux d'intérêts. Le FMI a exprimé une mise en garde en affirmant que le shadow banking menace la stabilité financière : si les investisseurs réclament leur dû simultanément, les acteurs précités pourraient être incapables de les rembourser.

Les dark pools sont des systèmes boursiers situés hors des marchés officiels réglementés, qui permettent à leurs acteurs (acheteurs ou vendeurs de titres) d'effectuer anonymement des transactions sur des instruments financiers.

Le trading haute fréquence est l'exécution à grande vitesse (en quelques microsecondes) de transactions financières opérées par des algorithmes informatiques qui profitent d'écarts parfois infinitésimaux entre l'offre et la demande. Quelles seront leurs réactions lorsque la prochaine bulle éclatera ? Mammon était l'amour des richesses érigé en divinité, et Deus ex machina, Dieu devenu machine. Aujourd'hui, le culte de l'argent a fait entrer les robots dans les salles de marché. Même si cette nouvelle réalité est encore bien éloignée de certains scénarios de science-fiction où les machines prennent le pouvoir, un minimum de garde-fous semble le bienvenu pour éviter un Terminator financier...

Dans l'intervalle, la flambée des marchés continue, quand bien même la situation économique réelle ne justifie en rien les valorisations excessives des entreprises et le niveau record atteint par les indices boursiers. Cette hausse continue depuis 2010 se nourrit des injections massives de liquidités opérées par les banques centrales, qui encouragent ainsi les spéculateurs via un crédit illimité et gratuit. Comme si cela ne suffisait pas, les banques centrales participent doublement à cette inflation des marchés, en achetant également des volumes énormes d'actions afin de soutenir leur bourse nationale.

Cette bulle des prix finira par exploser et ainsi causer la prochaine crise financière, qui menacera le système bancaire. Les capacités d'intervention des Etats seront cette fois limitées en raison de leur surendettement, celles de leurs banques centrales également, étant désormais exposées aux fluctuations boursières depuis qu'elles se sont mises à acquérir des titres en telles quantités.

Lorsque la bulle subprime a éclaté, les gouvernements sont venus à la rescousse des banques avec l'argent public, puis les banques centrales sont massivement intervenues pour éviter l'effondrement du système. Lors du prochain krach, qui les sauvera tous, banques, Etats, et banques centrales ?

Une faillite du système peut être synonyme de ruine aussi pour les épargnants (avec risque de ponction sur les comptes, comme à Chypre), les propriétaires (saisie du logement par les banques en cas d'insolvabilité, comme cela a été le cas aux USA après l'éclatement de la bulle subprime), les contribuables (l'Etat devient prédateur pour renflouer ses caisses vides), les retraités (si l'Etat ne peut plus faire face à ses dépenses et donc ne peut plus verser les rentes) et les salariés (entreprises en difficultés qui ne peuvent plus se financer).

A cette crise financière à venir, s'en ajouteront sans doute d'autres tout au long de notre XXIème siècle :

- crise économique persistante, car il n'y aura pas de retour à une croissance forte (pourtant tant attendue et espérée). Celle-ci ne pourrait repartir qu'avec une hausse de la consommation, mais les politiques d'austérité découlant du surendettement des Etats et la baisse du pouvoir d'achat pérenniseront la stagnation économique
- crise monétaire, en particulier pour les pays (USA, Japon) qui ont abusé de la planche à billets (dévaluations à venir du dollar et du yen)
- crise budgétaire (incapacité des pays à maîtriser leurs dépenses) et de la dette (aggravée par le nomadisme des entreprises qui leur permet d'échapper aux régulations défavorables et d'optimiser leur fiscalité)
- crise écologique et climatique, les déséquilibres naturels sont rompus et le point de non retour est donc certainement déjà atteint
- crise liée à la pénurie de matières premières, de l'énergie et de l'eau potable (avec le risque d'une dérive éco-totalitariste qui impose par la force un rationnement des ressources de plus en plus limitées et qui font l'objet de luttes pour s'en assurer le contrôle)
- crise liée à notre dépendance technologique, que ce soit envers les énergies (électricité, essence, gaz), les flux logistiques (approvisionnement), les réseaux de communication (téléphonie, internet, GPS, etc.), de distribution (eau courante potable) et d'évacuation (déchets, eaux usées). Nos sociétés étant toujours plus complexes, elles n'en deviennent que plus fragiles, et donc finalement instables et vulnérables

- crise démographique (surpeuplement et vieillissement)
- crise sociale (augmentation des inégalités, les richesses étant confisquées par une petite élite prédatrice à l'opulence indécente, alors que le reste de la société se paupérise. Ce fossé qui se creuse entre ceux qui ont trop et ceux qui n'ont rien menace la cohésion sociale et est source de futurs conflits sociaux)[23]
- crise sécuritaire (hausse du sentiment d'insécurité, des zones de non droit, des conflits asymétriques ou de basse intensité, des guerres civiles ou larvées)
- crise migratoire (aux réfugiés économiques viendront s'ajouter les réfugiés climatiques)
- crise sanitaire (pandémies à l'image de la propagation incontrôlée du virus Ebola en Afrique de l'Ouest)

Des solutions énergiques devraient être mises en place pour espérer gérer ces crises avec succès. Malheureusement, avec le déclin de la civilisation occidentale et la fin de sa position hégémonique, avec l'affaiblissement des Etats incapables de réagir, le leadership manque pour prendre les mesures nécessaires. Par défaut, des choix égoïstes servant des intérêts particuliers s'imposent sur le court terme sans toutefois ne rien résoudre[24].

---

[23] Patrick Artus et et Marie-Paul Virard, Globalisation, le Pire est à venir
[24] Hervé Kempf, Fin de l'Occident, Naissance du Monde

Notre XXIème siècle devient ainsi une période de transition imprévisible, incertaine et troublée, qui sera caractérisée par l'instabilité et le désordre.

Certains décident toutefois de réagir à leur façon, choisissent une forme ou une autre d'action plutôt que de ne rien faire, et tentent d'apporter différents types de réponses qui ne s'excluent d'ailleurs pas toutes entre elles, en se combinant parfois :

- repli identitaire, appel à un retour de la souveraineté et de la frontière[25], d'où le succès des partis nationalistes
- mouvements anarchistes, libertaires, pirates
- mouvements écologistes défendant l'utilisation durable des ressources, la promotion des énergies renouvelables, la défense de la biodiversité, la lutte contre la pollution et la déforestation
- mouvements décroissants qui prennent le contre-pied de la société de consommation (plombée par la saturation des uns et la baisse du pouvoir d'achat des autres), militants fregan opposés au gaspillage en général et aux produits à l'obsolescence programmée en particulier, qui privilégient le recyclage et le bricolage (par exemple, réparer son électroménager, etc.)[26]

---

[25] Jean-Claude Kaufmann, Identités, la Bombe à Retardement
[26] Serge Latouche, Le Temps de la Décroissance et Petit Traité de la Décroissance sereine

- communautés virtuelles (Avaaz[27]) et/ou coopératives (jardins communs, troc ou prêts de biens et de services, échanges de connaissances, etc.)
- mouvements citoyens qui se développent là où l'Etat a failli et n'assume même plus la protection des habitants (par exemple, milices populaires locales au Mexique qui assurent elles-mêmes la sécurité de leur quartier)
- retrouver une autre forme de liberté en dépendant moins du système[28]
- mouvements prepper (être prévoyant en se préparant) ou survivalistes, qui visent l'autonomie en étant auto-suffisant en eau, nourriture (impliquant un retour à la terre) et en énergie (recours à l'énergie solaire, éolienne, etc.)[29]

Cette liste n'est évidemment pas exhaustive, car il est toujours possible d'entreprendre quelque

---

[27] « Avaaz - qui signifie "voix" dans plusieurs langues (orientales) - a été lancé en janvier 2007 avec une mission démocratique simple: fédérer les citoyen(ne)s de toutes les nations (…). Avaaz offre à des millions de personnes venues de tous les horizons la possibilité d'agir sur les questions internationales les plus urgentes, de la pauvreté à la crise au Moyen-Orient et au changement climatique. (...) La communauté Avaaz agit en signant des pétitions, en finançant des encarts dans les médias, en envoyant des messages et des appels téléphoniques aux dirigeants, en organisant des manifestations et des événements. » (extrait du site avaaz.org)
[28] Magali et Bernard Farinelli, Comment moins dépendre du système
[29] Piero San Giorgio, Survivre à l'effondrement économique

chose, même à une toute petite échelle, pour soi-même, les autres et son environnement (rejet du consumérisme effréné et du gaspillage ; recyclage et récupération ; jardinage, bricolage et do-it-yourself ; économies d'énergie ; échanges et troc ; location ou prêts d'objets usagers ; vente seconde main ou vide-greniers ; engagement citoyen sur internet ou au sein de sa communauté, etc.). A l'inverse, ceux qui choisissent la passivité ou l'ignorance sont au mieux complices du système, au pire ils en dépendent tellement qu'ils ne sont plus capables de s'adapter au moindre imprévu.

A chacun de faire plutôt le choix responsable de rester maître de son destin, en faisant face en toute conscience aux épreuves, petites ou grandes, qu'il pourrait avoir à affronter. Celui qui sait s'adapter et faire preuve de résilience, peut garder malgré tout confiance en son avenir. A cette fin, chacun est le mieux à même de trouver et tracer son propre chemin, même si c'est le moins fréquenté...

Bonne route !

Références bibliographiques et lectures suggérées

Artus Patrick et Virard Marie-Paul, *Globalisation, le Pire est à venir*, La découverte

Attali Jacques, *Demain, qui gouvernera le Monde ?*, Fayard

Attali Jacques, *Tous ruinés dans 10 ans ?*, Fayard

Brown Dee, *Enterre mon Coeur à Wounded Knee*, Albin Michel

Butaud Germain, *Les Compagnies de Routiers en France*, Lemme

Demandt Alexander, *Der Fall Roms*, Beck

Farinelli Magali et Bernard, *Comment moins dépendre du Système*, Rustica

Galbraith John, *La Crise économique de 1929*, Payot

Gibbon Edward, *Histoire de la Décadence et de la Chute de l'Empire romain*

Heather Peter, *The Fall of the Roman Empire*, Pan

Henry Gilles, *Guillaume le Conquérant*, France-Empire

Jaffré Philippe et Riès Philippe, *Le Jour où la France a fait Faillite*, Grasset

Joffrin Laurent, *Les Batailles de Napoléon*, Seuil

Kaufmann Jean-Claude, *Identités, la Bombe à Retardement*, Textuel

Kempf Hervé, *Comment les Riches détruisent la Planète*, Seuil

Kempf Hervé, *L'Oligarchie ça suffit, vive la Démocratie*, Seuil

Kempf Hervé, *Fin de l'Occident, Naissance du Monde*, Seuil

Kennedy Paul, *The Rise and Fall of the Great Powers*, Vintage Books

Klein Maury, *Le Krach de 1929*, Belles Lettres

Latouche Serge, *Le Temps de la Décroissance*, Le bord de l'eau

Latouche Serge, *Petit Traité de la Décroissance sereine*, Mille et une nuits

Lebedynsky Iaroslav, *La Grande Invasion des Gaules*, Lemme

Lenglet François, *Qui va payer la Crise ?*, Pluriel

Lewis Michael, *Le Casse du Siècle*, Sonatine

Lewis Michael, *Boomerang Europe : Voyage dans le nouveau Tiers-Monde,* Sonatine

Obertone Laurent, *La France Orange mécanique*, Ring

Pastré Olivier et Sylvestre Jean-Marc, *Le Roman vrai de la Crise financière*, Perrin

Parenti Michael, *Democracy for the few*, St. Martins Press

San Giorgio Piero, *Survivre à l'Effondrement économique*, Le retour aux sources

Tate Georges, *L'Orient des Croisades*, Gallimard

Thomas Gordon et Morgan-Witts Max, *Les Coulisses du Krach de 1929*, Belfond

Ward-Perkins Bryan, *La Chute de Rome, Fin d'une Civilisation*, Alma

Wicht Bernard, *Une Nouvelle Guerre de Trente Ans ?*, Le Polémarque

Wicht Bernard, *Europe Mad Max demain ?*, Favre

Remerciements

A Cerise, pour sa lecture et sa compréhension des contraintes liées à l'écriture

A mes parents qui m'ont toujours encouragé à étudier

A ma soeur, qui m'a incité à écrire ces quelques lignes, ainsi qu'à son mari, mon cher beau-frère

A Nicolas, Piero, Patrick C. et Patrick M., qui ont nourri ma réflexion au travers de nos nombreuses discussions,

A tous mes amis et connaissances qui m'ont soutenu et m'ont demandé à recevoir un exemplaire,

Aux auteurs cités dans la bibliographie, qui m'ont inspiré,

Ainsi qu'à de nombreuses ressources internet, notamment : avaaz.org, investir.ch et romandie.com, leseconoclastes.fr, bfmbusiness.bfmtv.com (pour se délecter des interventions hebdomadaires d'Olivier Delamarche), linternaute.com et wikipedia.